Sandra Pichler
Patricia Pomnitz

KINDER SPIELERISCH FÖRDERN

Die 100 schönsten Spiel- und Beschäftigungsideen für die Kindergartenzeit

DK

INHALTSVERZEICHNIS

VORWORT

Kinder brauchen Zeit, um sich in ihrem Tempo entwickeln zu dürfen, Zeit, um die Vielfalt der Welt zu erkunden und Zeit, um ihre Talente und Möglichkeiten zu entdecken – kurz, sie brauchen Zeit, um zu spielen.

Im Spiel steckt unglaublich viel: Wenn Kinder spielen, verarbeiten sie die Eindrücke des Tages, entwickeln ihre Fähigkeiten weiter und lernen. Kinder tun all dies nicht bewusst, um diese Ziele zu erreichen – aber um sie zu erreichen, müssen sie spielen.

Studien zeigen: Wir Eltern gestalten den Rahmen, in dem unsere Kinder ihre Entwicklung vollziehen. Das schönste Geschenk, das wir unseren Kindern machen können, ist deshalb, regelmäßig mit ihnen zu spielen. Das kommt nicht nur ihrer Entwicklung zugute, sondern auch der Eltern-Kind-Beziehung – dem Fundament für den weiteren Lebensweg deines Kindes! Du bist der wichtigste Mensch in seinem Leben, sein Vertrauter, sein erster und bester Lehrer, sein größtes Vorbild. Wenn du deinem Kind deine ungeteilte Aufmerksamkeit schenkst, fühlt es sich geborgen und gesehen.

Mit unseren Kindern zu spielen fällt uns Eltern im turbulenten Familienalltag jedoch nicht immer leicht. Einerseits gibt es viele Spielsachen auf dem Markt, die wenig sinnvoll sind und nur sehr einseitig bespielbar sind. Andererseits fehlen uns oftmals die schnellen Ideen, um kurze Spielphasen mit wertvollen Spielen zu füllen. Genau aus diesem Grund ist unsere Spielesammlung entstanden und wir möchten dich dazu einladen, Zeit mit deinem Kind zu verbringen und gemeinsam Spaß zu haben.

Wir, das sind Sandra Pichler und Patricia Pomnitz. Wir arbeiten beide seit vielen Jahren mit Kindern und

Familien zusammen. Zudem sind wir selbst Mamas und wissen, wie kostbar die Zeit mit unseren Kindern ist. In dieses Buch sind nicht nur unsere Erfahrungen als Mütter eingeflossen, sondern auch unser Wissen über spielerisches Lernen und die kindliche Entwicklung.

In den ersten drei Lebensjahren laufen im Gehirn vor allem Reifungsprozesse ab. Mit drei Jahren ist das kindliche Gehirn schon zu zwei Dritteln entwickelt und die Reifungsprozesse verlagern sich immer mehr hin zum Lernen. In dieser Lebensphase passiert unglaublich viel: Neben der motorischen Entwicklung stehen im Alltag von Kindergartenkindern vor allem geistige Fortschritte, die Sprachentwicklung sowie die Bildung von sozialen und emotionalen Fähigkeiten im Vordergrund. Die Kinder erfahren ihre Umwelt als Forscher und Entdecker, sie sind immer in Aktion. Sie fragen nach dem Wie und Warum, wollen alles verstehen und sind fasziniert von Dingen des Alltags bis hin zu Buchstaben und Zahlen. Sie lernen jeden Tag etwas Neues und nehmen alles auf, was um sie herum passiert.

Diese sensible Entwicklungsphase und diese Lernfreude können und sollten wir im Alltag kreativ und liebevoll unterstützen.

Wir hoffen, dass dieses Buch dir für die nächsten Jahre als unerschöpfliche Inspirationsquelle dient und dir hilft, diese faszinierenden Jahre mit deinem Kind mit sinnvollen Aktivitäten zu füllen und zu genießen!

Alles Liebe und viel Freude beim gemeinsamen Spielen
Sandra & Patricia

ÜBER DIESES BUCH

Mache doch mal eine kleine Zeitreise zurück in deine eigene Kindheit. Welche Erinnerungen kommen dir? Das gemeinsame Malen eines Bildes? Der Stolz, wenn die Eltern eine Bastelei ans Fenster gehängt haben?

Der Tannenzapfen, den du mit den Augen auf seiner Reise durch den Bach verfolgt hast? Oder ein gemeinsames Picknick auf der Wiese und das Flechten unzähliger Blumenkränze?

Es sind solche besonderen Erlebnisse, die uns nachhaltig in Erinnerung bleiben und uns auf dem weiteren Lebensweg prägen. Spielsachen kommt dabei oft die geringste Rolle zu. Es gibt unglaublich viel Spielzeug zu kaufen, doch längst ist nicht alles sinnvoll. Deshalb finden sich in diesem Buch Spielideen, bei denen der Austausch mit deinem Kind im Vordergrund steht.

Unser Credo lautet: ZEIT STATT ZEUG! Denn in einer Hinsicht sind sich Hirnforscher, Pädagogen und Psychologen einig: Kinder brauchen Eltern, die Zeit mit ihnen verbringen und ihre Entwicklung mit Interesse und Begeisterung begleiten.

Es geht nicht darum, stundenlang neben dem Kind zu sitzen und sein Spiel halbherzig zu begleiten, sondern sich vielmehr BEWUSST eine gewisse Zeit lang mit seinem Kind zu beschäftigen, ohne störende Ablenkungen wie Handy oder Radio. In diesen Momenten stehen einzig und allein das Kind und die gemeinsame Aktivität im Vordergrund. Im gemeinsamen Spiel wird der Aufmerksamkeits-Tank des Kindes gefüllt. Oft fällt es ihm nach solchen intensiven Spielphasen auch leichter, sich länger allein zu beschäftigen.

Hintergründe

Damit du dein Kind und seine Entwicklung besser verstehen kannst, gehen wir am Anfang des Buches kurz auf die Gehirnentwicklung und die wichtigsten Meilensteine der kindlichen Entwicklung ein. Im zweiten Kapitel erklären wir, wie Spielen und Lernen zusammenhängen und worauf beim gemeinsamen Spiel geachtet werden kann. Der Hauptteil des Buches stellt viele praktische Spielideen zu unterschiedlichen Entwicklungsbereichen vor. Über das ganze Buch verteilt finden sich außerdem immer wieder Exkurse, Expertentipps und praktische Hinweise zu spannenden Themen.

Die Spielideen

Die unterschiedlichen Anregungen erheben keinen Anspruch auf Vollständigkeit, zeigen aber, wie abwechslungsreich und motivierend die Beschäftigung mit deinem Kind sein kann und dass es in fast jeder Situation etwas lernen kann. In der Regel sind die Aktivitäten ganz einfach umzusetzen und kommen mit Alltagsgegenständen aus. Denn eines war uns ganz wichtig: MINIMALE VORBEREITUNG, MAXIMALES VERGNÜGEN.

Wie nutze ich das Buch am besten?

Wir stellen zahlreiche Spielideen zu unterschiedlichen Themenschwerpunkten und Entwicklungsbereichen vor. Diese verstehen sich als Anregungen: Suche dir die Aktivitäten heraus, die

aktuell wichtig für dein Kind sind, und lass dich auch von den Interessen deines Kindes leiten.

Du kannst kapitelweise bzw. nach Themenschwerpunkten vorgehen, dich also z. B. besonders auf die sprachliche oder motorische Entwicklung konzentrieren. Du kannst dir aber auch einzelne Spiele aus verschiedenen Bereichen heraussuchen und sie nach Lust und Laune kombinieren. So unterstützt du die Entwicklung deines Kindes ganzheitlich.

Viele Spielideen richten sich an mehrere Fähigkeiten gleichermaßen. So fördert beispielsweise eine Fantasiereise nicht nur die motorische, sondern auch die auditive Wahrnehmung, regt die Fantasie an und entspannt. Und wer fantasievolle Bilder gestaltet, schult nicht nur seine Feinmotorik, sondern lernt gleichzeitig, Probleme kreativ zu lösen. Es ist spannend zu sehen, wie viel der Alltag und die gemeinsamen Momente bieten, wenn wir genau hinhören und hinschauen.

Bei vielen Ideen geben wir Hinweise auf weiterführende Aktivitäten und machen Vorschläge, wie man Spiele vereinfachen oder schwieriger gestalten kann, damit sie euch optimal unterstützen. Werde gern auch selbst kreativ und gestalte die Ideen für dein Kind um.

Bring Abwechslung in die Spielideen, indem ihr verschiedene Materialien verwendet, unterschiedliche Räume nutzt oder draußen in der Natur spielt.

Vergleiche nicht

Kinder entwickeln sich unterschiedlich schnell und jedes Kind hat seine besonderen Stärken und Interessen. Akzeptiere das individuelle Entwicklungstempo deines Kindes und vergleiche es nicht mit anderen. Die Meilensteinangaben in diesem Buch sind als grobe Orientierung zu verstehen, es handelt sich nicht um verbindliche Angaben. Solltest du jedoch den Eindruck haben, dass dein Kind in seiner Entwicklung Hilfe benötigt, besprich dies mit deinem Kinderarzt oder deiner Kinderärztin.

Erwarte von deinem Kind nicht zu früh zu viel, denn das führt zu Enttäuschung und setzt euch beide unter Druck. Wir möchten dich einladen, dein Kind zu beobachten und es in seiner Einzigartigkeit anzuerkennen. Daher haben wir uns auch gegen Altersangaben für die einzelnen Spielideen entschieden.

Sollten die Fähigkeiten deines Kindes für eine bestimmte Aktivität noch nicht ausreichen oder dein Kind keine Lust darauf haben, dann verschiebe die Aktivität einfach auf einen späteren Zeitpunkt.

Das Allerwichtigste zum Schluss: Habt Spaß!

Echtes Lernen funktioniert nur, wenn das Kind mit Freude und mit dem Herzen dabei ist. Auch wenn du nur wenig Zeit exklusiv für dein Kind reservieren kannst: Zeige ihm, dass es auf das Zusammensein ankommt. Denn bei jeder Handlung ergeben sich unzählige Möglichkeiten des Lernens, Entdeckens und Erlebens, die unsere Kleinen nachhaltig prägen. Egal, was ihr tut: Wenn du und dein Kind die gemeinsame Zeit genießt, wird jedes Spiel zu etwas ganz Besonderem, das eure Bindung positiv beeinflusst.

*** Zur besseren Lesbarkeit von Personenbezeichnungen & personenbezogenen Wörtern sprechen wir von dir und deinem Kind. Wir freuen uns, wenn Mütter und Väter das Buch gemeinsam nutzen – fühlt euch bitte beide angesprochen – und das gilt natürlich auch für Großeltern, Pädagoginnen und Pädagogen. Gibt es mehrere Kinder in deiner Familie, sind logischerweise alle mit eingeschlossen.

KAPITEL 1

SO ENTWICKELT SICH MEIN KIND

In diesem Kapitel beleuchten wir die wichtigsten Phasen der kindlichen Entwicklung und geben dir einen Überblick über die Meilensteine, die dein Kind in den nächsten Monaten und Jahren erreichen und die Fähigkeiten, die es erwerben wird. Dieses Wissen hilft dir, dein Kind besser zu verstehen und in seiner Entwicklung zu begleiten.

WAS MEIN KIND MIT 2–3 JAHREN SCHON KANN

Die Kindergartenphase dauert etwa vom 3. bis zum 6. Lebensjahr. In dieser Zeit passiert in der körperlichen, emotionalen, sprachlichen und geistigen Entwicklung deines Kindes unglaublich viel. Natürlich fallen diese Fähigkeiten nicht vom Himmel, sondern dein Kind hat in seinen allerersten Lebensjahren bereits den Grundstein dafür gelegt. Schauen wir uns deshalb kurz an, welche Fähigkeiten dein Kind im Alter von 2–3 Jahren schon entwickelt hat:

Denken und Wahrnehmen

Mit 2–3 Jahren hat sich dein Kind bereits so rasant entwickelt, dass es gezielt auf Dinge zeigen, Pläne machen, Gegenstände verstecken, ein- und auspacken sowie zuordnen kann („Wem gehört was?"). Es erkennt Rituale und weiß genau, was wann geschieht. Es versteht und merkt sich einfache Spielregeln und beherrscht Puzzlespiele immer besser.

Im Gehirn deines Kindes vernetzen sich pro Sekunde 1000 Nervenzellen. Es ist von vielem fasziniert und möchte alles ganz genau untersuchen, was seine geistige Entwicklung optimal vorantreibt. Seine Gedächtnis- und Erinnerungsleistungen werden immer besser: So erkennt dein Kind die Seiten seines Lieblingsbuches wieder und freut sich auf zukünftige Ereignisse wie Geburts- oder Feiertage. Es will stets Neues ausprobieren. Ein beliebtes Spiel in diesem Alter ist das „So-tun-als-ob“-Spiel“ (z. B. Kuscheltier füttern, schlafen legen und verarzten). Dein Kind übt dabei, Probleme zu lösen sowie soziale Fähigkeiten zu entwickeln und in die Realität zu übertragen.

Die angegebenen Meilensteine sind als Durchschnittswerte zu verstehen. Wir haben sie nicht aufgeführt, damit du überprüfen kannst, ob dein Kind dem Durchschnitt entspricht, sondern um dir zu ermöglichen, die jeweiligen Entwicklungsschritte zu erkennen und zu begleiten. Wahrscheinlich wird dein Kind manche Fähigkeiten früher und andere später als angegeben erwerben, denn die Entwicklungsunterschiede sind groß.

EXPERTENTIPP

Schaffe Möglichkeiten für das „So-tun-als-ob“-Spiel im Alltag. Lege verschiedene Requisiten bereit, z. B. Sachen zum Verkleiden, einen Korb mit Spielzeuglebensmitteln, ein Telefon, einen Arztkoffer.

Spiele gern mit, wenn dein Kind dich fragt, und sei präsent. Überlasse deinem Kind die Führung. Es spielt Erfahrungen, die ihm wichtig sind, neu durch. Lass dich darauf ein und unterbrich es nicht.

Die Motorik

Die grob- und feinmotorischen Fähigkeiten deines Kindes verfeinern sich und es verbessert durch den Ausbau des Nervensystems seine Koordination. Das erkennst du daran, dass dein Kind nun viel sicherer und geschmeidiger läuft. Es kann in die Hocke gehen, einen Ball wegkicken ohne umzufallen und einen Moment auf einem Bein stehen. Viele Kinder können auch schon rückwärtsgehen oder schnell die Richtung ändern. Auch verbessert sich das Gleichgewicht, da beide Gehirnhälften mehr Informationen austauschen. Dein Kind kann jetzt z. B. schon eine Linie entlang laufen.

Vielleicht hast du auch bemerkt, dass dein zweijähriges Kind viel mehr Kraft hat. Das kommt daher, dass sein Babyspeck allmählich verschwindet und Muskelmasse aufgebaut wird. Die feinmotorischen Bewegungen werden graziler. Reißverschlüsse schließen, Deckel auf- und zudrehen oder die Jacke zuknöpfen sind nun beliebte Beschäftigungen. Während Zweijährige den Stift mit der Faust halten, nutzen Dreijährige dafür oft bereits Zeigefinger und Daumen (Pinzettengriff).

Sprachliche Fähigkeiten

Sprachlich ist auch schon eine Menge passiert: Im Alter von 18–24 Lebensmonaten lernen die Kleinen bis zu acht neue Wörter täglich und beginnen, Wörter miteinander zu kombinieren („Mama hoch").

Die Zahl der Synapsen im Gehirn nimmt rasant zu, sodass die Kinder am Ende ihres 3. Lebensjahres schon zwischen 1000 und 2000 Wörter kennen. Sie bilden ganze Sätze, sogar einfache Nebensätze mit „und" oder „oder" kommen hinzu. Fragewörter wie „wo, warum, wie, was" werden ausgiebig genutzt und die Eltern kommen aus dem Beantworten von Fragen nun gar nicht mehr heraus.

Das Zusammenspiel der am Sprechen beteiligten Muskeln wird immer präziser und die Aussprache immer klarer. Doch es ist ganz normal, wenn dein Kind mit manchen Lauten noch Schwierigkeiten hat, oft wird das /sch/ durch /s/ ersetzt, sodass aus der „Schule" die „Sule" wird. Vielleicht lässt es auch einzelne Laute aus und sagt z. B. /Bume/ statt /Blume/.

Emotionen und Gefühle

Auch in der emotionalen Intelligenz tut sich einiges. Dein Kind hat wahrscheinlich noch immer einen starken Drang, seinen Impulsen zu folgen, und tut sich schwer, mit starken Emotionen umzugehen. Gefühle wie Freude, Wut und Trauer liegen bei Zweijährigen nahe beieinander und können sich im Nu abwechseln: gerade noch unsagbar wütend, weil der Elternteil das Brot falsch geschnitten hat, plötzlich in heller Freude, weil ein bunter Schmetterling vorbeifliegt. Solche Situationen werden Eltern von zwei- bis dreijährigen Kindern wohlbekannt sein.

Mit der fortschreitenden Sprachentwicklung und einer immer ausgereifteren Impulskontrolle wird es deinem Kind aber immer besser gelingen, seine Wünsche, Bedürfnisse und Gefühle sprachlich auszudrücken.

In diesem Alter wollen die Kinder gern alles selbst machen. Klar, denn sie möchten die eigenen Fertigkeiten ausprobieren. Dein Kind erkennt: „ICH kann darüber entscheiden, was ich tue."

Diese Phase der Autonomie ist sehr wichtig. Kinder müssen erleben, dass sie etwas selbst gestalten können, denn das motiviert sie zum Weitermachen und stärkt ihre Selbstwirksamkeit und ihr Selbstwertgefühl.

Du siehst, dein Kind hat motorisch, geistig, sprachlich und emotional bereits viel gelernt. Nun steht der Vertiefung dieser Fertigkeiten nichts mehr im Wege!

Entwickeln sich Mädchen wirklich schneller als Jungen?
Zahlreiche Studien legen den Schluss nahe, dass tatsächlich geschlechterspezifische Unterschiede bestehen. Mädchen scheinen in jedem Alter „früher dran zu sein" als Jungen. Das muss aber nicht auf jeden Jungen und jedes Mädchen zutreffen. Es gibt durchaus Frühentwickler unter den Jungen und spät Heranreifende unter den Mädchen.

MEILENSTEINE DER ENTWICKLUNG: 3–4 JAHRE

Dein Kind nimmt die Umwelt nun immer intensiver wahr. Es erprobt seine Kraft und Geschicklichkeit. Seine sprachlichen Fähigkeiten und sein Gefühlsleben werden immer differenzierter. Das Knüpfen von sozialen Kontakten wird wichtiger. Erfolg ist der Motor des Lernens und Ermutigung ein Schlüsselfaktor, wenn der Wunsch zu lernen wachsen soll. Schauen wir uns an, welche Fähigkeiten dein Kind in dieser Entwicklungsphase erwirbt:

Jedes Kind entwickelt sich in seinem eigenen Tempo. Daher sind die folgenden Punkte nur als grobe Orientierung zu verstehen. Hast du Zweifel oder Bedenken bezüglich der Entwicklung deines Kindes, sprich darüber mit deinem Kinderarzt bzw. deiner Kinderärztin.

Denken und Wahrnehmen

Dein Kind kann sich bereits einfache Handlungsabläufe vorstellen und weiß, was wann an der Reihe ist, z. B. dass die Socken vor den Schuhen angezogen werden. Es entwickelt eine erste Vorstellung von Zeit (vorher – nachher) und imitiert andere immer besser. Es kann sich zunehmend konzentrieren und sich einer Aufgabe mit größerer Ausdauer widmen.

Grobmotorische Bewegungen
Dein Kleinkind ist wahrscheinlich sehr experimentierfreudig und variiert mit der Schnelligkeit beim Laufen, will wissen, wie weit es springen oder wie hoch es klettern kann. Es kann vermutlich seitwärts laufen und auf den Zehenspitzen gehen. Durch tägliches Experimentieren lernt es seine Fähigkeiten genau kennen und verfeinert seine Ausdauer und Koordination. Die meisten Kinder setzen beim Treppensteigen noch beide Füße auf eine Stufe. Aber vielleicht kann dein Kind die Treppe auch schon im Wechselschritt hinauf- und hinuntergehen. Bälle kicken, werfen und mit beiden Händen fangen sind nun beliebte Aktivitäten, die ganzen Körpereinsatz erfordern.

Feinmotorische Geschicklichkeit
Die feinmotorischen Fähigkeiten entwickeln sich rasch weiter: Einfache Konstruktionen mit Bausteinen werden nachgebaut und hohe Türme aufeinandergestapelt. Vielleicht beginnt dein Kind um den 4. Geburtstag, sich selbst an- und auszuziehen, sich allein zu waschen und seine Zähne selbst zu putzen. Die Händigkeit hat sich auf rechts oder links eingespielt, wobei einige Kinder auch noch bis zum 5. oder sogar 6. Lebensjahr den Handgebrauch wechseln. Die meisten Kinder können jetzt Stifte wie wir Erwachsenen mit Daumen, Zeigefinger und Mittelfinger halten. Auf den Kunstwerken erkennen wir bereits einen Kopf, eventuell auch Arme und Beine. Manche Kinder zeichnen auch bereits erste Buchstaben nach.

EXPERTENTIPP

Nutze das Interesse deines Kindes, um es in alltägliche Abläufe zu integrieren. Es wird Spaß daran haben, dich mit kleinen Handgriffen bei anfallenden Aufgaben zu unterstützen, z. B. beim Wäsche machen, Aufräumen etc. Derartige Tätigkeiten fördern wiederum seine motorische und sprachliche Entwicklung und seine Konzentrationsfähigkeit. Außerdem fühlt sich dein Kind einbezogen und empfindet sich immer mehr als wichtigen Teil eurer Familie.

Emotionen und Gefühle

Im dritten Lebensjahr hat dein Kind das Wort „ich" entdeckt und versteht den Umgang mit „mein" und „dein". In Nachahmungs- und Rollenspielen gewinnt dein Kind Sicherheit im Umgang mit sozialen Regeln und macht sich gleichsam auf die Suche nach Freunden. Ob im Kindergarten oder auf dem Spielplatz: Nun werden Kontakte geknüpft. Dein Kind liebt es, andere Kinder zu treffen und mit ihnen zu spielen. Hier wird ein Grundstein für das soziale Miteinander gelegt. Teilen und abwarten, bis man selbst an der Reihe ist, werden Bestandteil des neuen (Spiel-)Verhaltens. Aber noch nicht immer klappt das reibungslos. Viele Dreijährige wollen besitzen, was in Reichweite ist („mein Ball") und Dinge selbst in die Hand nehmen („Ich kann das allein!"). Um den 4. Geburtstag herum sind die großen Machtkämpfe langsam vorbei, aber dein Kind ist gern der Bestimmer im Spiel und sein Selbstwertgefühl wächst.

Sprachliche Fähigkeiten

Dein Kind nutzt Personalpronomen („er", „sie", „ihr") und kann in Gegenwart und Vergangenheit berichten. Es erzählt nun viel und gern, kann Geschichten wiedergeben und mit dir Bilderbücher besprechen. In dieser Entwicklungsphase wirst du vermutlich auch die eine oder andere Lüge bzw. erfundene Geschichte zu hören bekommen. Dein Kind täuscht dich nicht absichtlich, sondern reflektiert seine Wünsche und Vorstellungen sprachlich und experimentiert mit seiner Fantasie. Seine Aussprache wird immer besser verständlich, sodass mit 4 Jahren etwa 50–75 Prozent seiner Worte auch für fremde Ohren verständlich klingen. Kleine Lautunsicherheiten und Wortneuschöpfungen sind normal.

Mathematische Fähigkeiten

Dein Kind kennt Farben und einfache Formen. Es hat eine Vorstellung davon, was wenig und viel bedeutet, und ordnet Dinge nach Gruppen. Sortierspiele sind sehr beliebt – dafür muss dein Kind Gemeinsamkeiten und Unterschiede erkennen. Auch die räumliche Orientierung entwickelt sich stetig, sodass dein Kind zum Beispiel verschiedene Wege wiedererkennt. Die meisten Kinder lieben es in dieser Entwicklungsphase, Dinge zu zählen, und können dies mithilfe der Finger bis in den Zahlenraum zehn.

MEILENSTEINE DER ENTWICKLUNG: 5–6 JAHRE

Dein Kind wird sich seiner Identität zunehmend bewusst und möchte immer selbstständiger und unabhängiger werden. Es fragt sehr viel nach und die Gespräche mit ihm werden immer intensiver. Durch Aufmerksamkeit und bedingungslose Liebe übst du großen Einfluss auf dein Kind aus. Sein Gehirn entwickelt sich ununterbrochen weiter und damit auch seine einzelnen Fähigkeiten. Schauen wir uns an, welche Meilensteine dein Kind mit 5–6 Jahren bereits erreicht hat oder gerade erobert:

Denken und Wahrnehmen
Das Gehirn eines fünfjährigen Kindes hat etwa 90 Prozent der Größe eines Erwachsenen-Gehirns. Dein Kind sammelt immer mehr Wissen über die Welt und interessiert sich stärker für das Warum und Wieso. Logik bestimmt zunehmend sein Denken. Mit 5–6 Jahren versuchen Kinder Probleme eigenständig zu lösen und schmieden zunehmend komplexere Pläne. Aufmerksamkeit und Konzentration verbessern sich stetig. Auch Lang- und Kurzzeitgedächtnis werden ausgebaut, sodass sich Kinder immer differenzierter an Perso-

nen, Dinge und Ereignisse erinnern können – auch Adressen und Telefonnummern können sie sich in diesem Alter merken. Darüber hinaus entwickeln sie eine erste Vorstellung von morgen und übermorgen.

Grobmotorische Bewegungen
Die Bewegungen werden immer schneller und komplexer: Dein Kind rennt, ohne hinzufallen, und springt mit beiden Beinen in die Luft. Es wird vermutlich zügig Treppen steigen oder von einem Bein auf das andere springen können, da sich das Gleichgewicht und die Koordination weiterentwickelt haben. Bäume und Klettergerüste werden erklommen. Radfahren klappt wahrscheinlich schon ohne Stützräder. Im 5. und 6. Lebensjahr wird dein Kind vermutlich länger auf einem Bein stehen und auf einer Mauer balancieren können. Vielleicht schafft es sogar schon einen Purzelbaum oder eine Rolle rückwärts. Bälle werden sicher geworfen und aufgefangen.

Feinmotorische Geschicklichkeit
Die Feinmotorik ist so weit entwickelt, dass das Ausmalen von Bildern recht präzise klappt und die Kunstwerke detailgetreuer werden. Im 5. und 6. Lebensjahr wird dein Kind immer geschickter im Umgang mit der Schere. Vielleicht versucht es, an einer Linie entlang zu schneiden. Viele Kinder malen Gesichter und Formen wie Quadrate, Kreise und Dreiecke. Zahlen und Buchstaben werden nachgezeichnet. Dein Kind kann wahrscheinlich seinen Namen selbstständig schreiben.

Sprachliche Fähigkeiten
Der kindliche Wortschatz umfasst mehrere tausend Wörter und es werden grammatikalisch komplexe Sätze gesprochen: „Bei Justus zu Hause steht auch so ein Topf, aus dem wir die Erdbeeren essen durften, aber die kleinen mussten wir für den Opa aufheben." Ausführliche Gespräche stellen kein Problem dar. Dein Kind erzählt dir von Erlebnissen, kann seine Gefühle in Worte fassen und seine Meinung darstellen und begründen. Es beantwortet kompetent deine Fragen und stellt selbst wieder viele Warum-Fragen, um mehr über die Welt zu erfahren. Dein Kind kann vermutlich längere Geschichten erzählen, Diskussionen führen und Witze machen.

Die Aussprache deines Kindes ist weitestgehend fehlerfrei. Wortspiele und Reime machen ihm Spaß. Es verändert sogar seine Stimme, wenn es mit Babys spricht. Kommt dein Kind in die Schule, versteht es ca. 14 000 Wörter und spricht 5000–9000 Wörter aktiv.

Mathematische Fähigkeiten

Dein Kind interessiert sich wahrscheinlich sehr für Zahlen, kennt vielleicht schon einige Ziffern und ordnet kleine Mengen den passenden Zahlen zu. Sortierspiele werden immer differenzierter, Kinder verstehen die Logik hinter einfachen Mustern und Reihen und können diese nachbauen oder weiterführen. Dein Kind bekommt eine Ahnung von den Begriffen links und rechts, kann Wege beschreiben und verbessert seine Raum-Lage-Fähigkeiten stetig. Einige Kinder gewinnen eine Idee von dem Konstrukt Geld und helfen gern mit beim Bezahlen im Geschäft.

Emotionen und Gefühle

Dein Kind vergleicht sich mit anderen. Freundschaften werden immer wichtiger und das Erlernen von sozialen Regeln und der Umgang mit Konflikten und Kompromissen steht im Vordergrund. Dein Kind kennt ein großes Spektrum unterschiedlicher Gefühle und kann sich immer besser in andere hineinversetzen. Es lernt, empathisch zu sein und kann andere trösten und sich versöhnen.

Außerdem zeigt dein Kind nun deutliche Vorlieben und Abneigungen und kann diese mit Worten ausdrücken. Die Selbstkontrolle verbessert sich, weil Wünsche und Emotionen in Worte gefasst werden können. Auch kann es mehr als ein Gefühl gleichzeitig erkennen, z. B. Unsicherheit und Freude über das Kennenlernen einer neuen Person.

Abschließend sei gesagt: Wir laden dich ein, dein Kind zu beobachten und seine Reise durch die Entwicklung aktiv zu begleiten. Es ist faszinierend, Tag für Tag mitzuerleben, wie die Kleinen neues Wissen verarbeiten und ihre Fähigkeiten erweitern, wie sie lernen sich zu bewegen, zu sprechen, sich in andere hineinzuversetzen, ihre Gefühle und Bedürfnisse zu regulieren und eine eigene Persönlichkeit auszubilden. Wie sie das machen und was sie dafür benötigen, erfährst du im nächsten Kapitel.

KAPITEL 2

WAS BRAUCHT MEIN KIND ZUM LERNEN?

Der natürliche Wissensdurst eines Kindes ist unendlich. Kinder sind von Geburt an auf „Lernen“ programmiert. Sie wollen Dinge entdecken und sich neue Fertigkeiten aneignen. Das hat einen guten Grund, denn durch diese Lernbereitschaft entwickelt sich das Gehirn.

DAS WUNDERWERK GEHIRN

Obwohl das menschliche Gehirn zum Zeitpunkt der Geburt noch sehr unreif ist, verfügt es bereits über ebenso viele Nervenzellen wie das Gehirn eines Erwachsenen. Jedoch sind die kindlichen Neuronen noch nicht ausgewachsen und nur wenig vernetzt. Sie müssen sich erst miteinander verknüpfen. Damit dieser faszinierende Prozess ablaufen kann, braucht es immer wieder neue Erfahrungen und Austausch mit der Umwelt. Erst dadurch erhält das Gehirn wichtige Anregung zur Weiterentwicklung.

Neues Wissen wird im Großhirn bzw. der Großhirnrinde gespeichert. Hier laufen komplexere Denkprozesse ab, wie sich konzentrieren, Probleme lösen, planen, abwägen und entscheiden. Das Großhirn setzt sich aus mehreren Hirnlappen zusammen, darunter den beiden sogenannten Frontallappen.

Das Gehirn besteht aus einer rechten und einer linken Gehirnhälfte. Während in der linken Hirnhälfte Sprache und logisches Denken verortet sind, ist die rechte Hirnhälfte eher für emotionales und kreatives Wissen zuständig. Beide Hirnhälften sind über eine Art Balken –

das *Corpus callosum* (eine aus rund 250 Millionen Nervenfasern bestehende Struktur) – miteinander verbunden und tauschen darüber Informationen aus. Je dicker diese Verbindung ist, desto besser funktioniert der Austausch zwischen den beiden Gehirnhälften. Albert Einstein soll einen besonders ausgeprägten Hirnbalken besessen haben.

In den ersten Lebensjahren entstehen im Gehirn über eine Million neue Synapsen pro Sekunde – so viele wie zu keinem anderen Zeitpunkt im Leben. In dieser Entwicklungsphase kann ein Kind deshalb auch so ziemlich alles lernen. Doch auch wir Erwachsenen können kontinuierlich weiter lernen und unser Gehirn ausbauen.

WIE LERNT MEIN KIND?

Die Erfahrung, selbst aktiv zu sein, spielt eine ganz wichtige Rolle in der Ausbildung der Lernmotivation. Kinder sehen anderen zu, ahmen sie nach, machen das, was sie interessiert und kommen durch Wiederholung zum Ziel.

Schauen wir uns ein paar Beispiele an: Zuerst erforscht das Baby seine Umgebung mit dem Mund. Wir nennen dies „die orale Phase“. Alles wird zum Mund geführt und mit Zunge und Lippen ertastet. Dabei nehmen die verschiedenen Teile des Gehirns unterschiedliche Reize wahr, z. B. Geschmack, Gewicht, Konsistenz und Form.

Durch die fortschreitende motorische Entwicklung ist das Kind in der Lage, den eigenen Körper und die Umgebung zu entdecken. Dabei werden Nervenimpulse freigesetzt und das Großhirn entwickelt sich weiter. Jedes Mal, wenn dein Kind einen Ball rollen lässt, erkennt es Ursache und Wirkung und jedes Mal werden Neuronen miteinander verknüpft. Jedes Mal, wenn du den Ball zurückrollst und ihn benennst, wird der Zusammenhang zwischen dem Wort und dem runden Ding für das Kind klarer, bis es schließlich den Klang des Wortes wiedererkennt und versteht, dass das Objekt „Ball" heißt. Und wieder hat eine neue Erfahrung – der Austausch mit dir – dazu beigetragen, dass sich das Gehirn deines Kindes entwickelt.

Sprachliche Fähigkeiten

Der größer werdende Wortschatz aktiviert die linke Gehirnhälfte. Das wiederum erlaubt dem Kind, Grammatik zu erlernen, also Phrasen und Sätze zu bilden und Fragen zu stellen. Mit jeder Antwort lernt es dazu und bildet neue neuronale Verknüpfungen im Gehirn aus. Sobald es das Erlebte erzählend weitergeben und Erfahrungen festhalten kann, entwickelt sich auch die Gedächtnisbildung weiter.

Du siehst: Egal, was dein Kind tut – spielen, essen, spazieren gehen – es lernt stets und ständig durch Erfahrung. Durch die Erlebnisse deines Kindes in der Umwelt und durch den Austausch mit anderen vernetzen sich die Enden der Nervenzellen, die bereits seit der Geburt deines Kindes vorhanden sind, vielfältig miteinander.

Denken und Wahrnehmen

Zwischen drei und sieben Jahren nimmt ein Kind die Eindrücke, die es sammelt, immer bewusster wahr und ist daran interessiert, die Erfahrungen in seine Vorstellung über die Welt einzuordnen. Dabei werden manche Hirnregionen intensiver beansprucht und andere weniger. Stark beanspruchte Nervenbahnen verstärken sich, nicht genutzte Verbindungen bilden sich zurück.
So entsteht eine individuelle Verschaltung des Gehirns, den Anforderungen bzw. der Nutzung entsprechend, und die Kinder erwerben im Laufe der Entwicklung vor allem jene Fähigkeiten, auf die es in der Gesellschaft bzw. der Kultur, in der sie aufwachsen, besonders ankommt.

Nicht angelegte Verbindungen zwischen Nervenzellen können zwar auch später noch nachreifen, aber das Lernen ist dann wesentlich mühsamer. Deshalb ist es wichtig, dass Kinder in dieser sensiblen Entwicklungsphase ermutigt werden, bestimmte Fähigkeiten zu entwickeln. Sie sollten die Möglichkeit haben, unterschiedliche Dinge zu erproben und zu üben, am besten durch die Integration aller Sinne, um die Reifung des Gehirns zu fördern.

Wie bereits erwähnt, gibt es zwei Gehirnhälften, die jeweils für spezielle Bereiche zuständig sind. Bei jedem Menschen dominiert, je nach seinen Interessen und Aktivitäten, eine der beiden Hälften. Trotzdem sollten nach Möglichkeit beide Hälften gleichermaßen beansprucht werden, damit eine starke Verbindung zwischen ihnen entsteht und keine der beiden Regionen verkümmert. Das ermöglicht uns,

gute Leistungen zu erbringen und körperlich fit und ausgeglichen zu sein.

In den praktischen Kapiteln dieses Buches stellen wir daher besonders viele Spiele und Ideen vor, die das Gehirn ganzheitlich aktivieren, die beiden Gehirnhälften miteinander verknüpfen und ein multisensorisches, abwechslungsreiches Lernen fördern.

Warum Sensory Play so genial ist

Sensory Play, also sensorisches Spiel oder besser gesagt Spielen mit allen Sinnen, fördert die kindliche Entwicklung in hohem Maße, denn durch Ausprobieren, Greifen, Nachahmen, Fühlen, Riechen und Schmecken macht dein Kind Erfahrungen mit dem ganzen Körper. Mit jedem Reiz, den es erhält und verarbeitet, vergrößert sich das Fassungsvermögen seines Gehirns, weil dadurch vielfältige Verknüpfungen von Nervenbahnen angelegt werden.

SENSIBLE PHASEN IN DER ENTWICKLUNG

Die Hirnforschung hat herausgefunden, dass sich die Nervenzellen in einer bestimmten Reihenfolge verschalten und dass es Entwicklungsphasen gibt, in denen Kinder für bestimmte Lernerfahrungen besonders aufnahmebereit sind. Dein Kind wird also Lernangebote besonders gut aufgreifen, wenn das Entwicklungsfenster für sie gerade geöffnet ist.

Welches Lernfenster beim einzelnen Kind zu welchem Zeitpunkt geöffnet ist, vermag auch die Hirnforschung nicht genau zu sagen. Deshalb ist es wichtig, dass du dein Kind feinfühlig beobachtest, um zu sehen, welche Interessen es gerade hat und wo sein Fokus liegt, an welchem Punkt in seiner Entwicklung es also steht.

Ein Beispiel: Im ersten Lebensjahr werden die Kleinen in der Regel sensibel für Sprache. Das erkennst du daran, dass dir dein Baby auf den Mund schaut, brabbelt und später beginnt, dir nachzuplappern. Im zweiten Lebensjahr zeigt es auf Dinge und möchte, dass du sie benennst. Es ist sehr empfänglich für Wörter und wiederholt das Gesagte. Der Erfolg motiviert dein Kind, weitere sprachliche Anregungen zu suchen, und schon bald kommt es zur Explosion des Wortschatzes. Du kannst das Interesse deines Kindes in dieser sensiblen Phase unterstützen, indem du ihm eine abwechslungsreiche Sprache anbietest, alle Dinge beim Namen nennst, vorliest und Handlungen versprachlichst.

SPIELEND LERNEN

Das Spiel bietet die beste Grundlage für die Entwicklung deines Kindes. Im Spiel kann es sich in einer entspannten Atmosphäre mit sich selbst und den Dingen des Lebens auseinandersetzen und seinen Forschungsinstinkt ganz natürlich ausleben.

Jedes Spiel ist aber auch intensives Lernen: Dein Kind löst Probleme und erlernt dabei neue Fertigkeiten. Denk z. B. an Hüpfkästchen: Während die Kinder fröhlich hüpfen, zählen sie die Kästchen, ohne sich der Tatsache bewusst zu sein, dass sie lernen. Genau dieses UNBEWUSSTE Lernen ist für das Gehirn aber sehr viel einprägsamer als reines „Lernen".

In ihrer Kindheit sind Menschen so offen, neugierig und wissbegierig wie nie wieder in ihrem späteren Leben. Wenn du dir die Zeit nimmst, mit deinem Kind zu spielen, schenkst du ihm zahlreiche Möglichkeiten, seine Umwelt zu erkunden, sie zu erleben, vielfältig zu experimentieren und wichtige Lernerfahrungen zu machen.

Deshalb solltest du mit deinem Kind spielen

Im Spiel erproben Kinder Fähigkeiten für das echte Leben. Sie spielen, um ihre Umgebung kennenzulernen, um sich ein Bild von ihrer Position in der Welt und den Beziehungen zu anderen Menschen zu machen. Beim „So-tun-als-ob"-Spiel kann dein Kind verschiedene Rollen übernehmen und ausprobieren. Es kann Erlebnisse und Beobachtungen verarbeiten. Und es kann Dinge tun, die ihm momentan in der Wirklichkeit nicht möglich sind. Das fördert seine Fantasie, seine Kreativität und seine Vorstellungskraft.

EXPERTENTIPP

Tipps zum Mitspielen:

- *Beobachte dein Kind und lass es seine eigenen Erfahrungen machen.*
- *Lass dich auf die Vorstellungen deines Kindes ein.*
- *Mache ihm Mut, körperlich etwas auszuprobieren.*
- *Würdige die Werke und Leistungen deines Kindes.*
- *Biete ihm Hilfe an, wenn es mal nicht so recht weitergeht. Mache ihm Handlungen z. B. vor, um ein Spiel in Gang zu setzen.*
- *Zeige deine Freude am Spiel und am Austausch mit deinem Kind.*
- *Gib deinem Kind Zeit: Stress und ein voller Terminkalender sind Spielverderber.*

Im Spiel wechseln sich Anspannung und Entspannung ab. Das kannst du selbst beobachten, wenn du Gesellschaftsspiele spielst. Während du versuchst, das Spielziel zu erreichen, erlebst du einen Zustand der freudigen Anspannung. Ist das Spiel beendet, kommst du in einen entspannten Zustand und der positive Druck des Spiels lässt nach. Auch bei Kindern lässt sich im Spiel dieser Wechsel zwischen Anspannung und Entspannung beobachten, beispielsweise wenn sie einen Turm bauen. Die Bauphase ist eher konzentriert und angespannt. Steht der Turm, freuen sie sich über die erfolgreiche Tätigkeit und ein zufriedenes Gefühl der Entspannung macht sich breit.

Spielen ist also nicht nur Lernen, sondern auch Erholung. Durch den beschriebenen Wechsel von Anspannung und Entspannung können Kinder aus dem Alltag heraustreten, abschalten und sich erholen. Das wird umso wichtiger, je älter die Kinder werden und je mehr Verpflichtungen sie in der Welt schon haben.

Spielen macht Spaß! Dinge, die uns interessieren und erfreuen, behalten wir ohne große Mühe. Emotionales, geistiges, motorisches und sprachliches Lernen geschieht hier ohne große Anstrengung wie von selbst.

In regelmäßigen Spielzeiten hast du als Mama und Papa die Chance, dein Kind besser kennenzulernen. Und die besondere Zuwendung im Spiel kommt eurer Beziehung und Bindung zugute, was wiederum die gesunde Entwicklung fördert.

Vielleicht denkst du jetzt: „Ich habe keine Zeit für stundenlanges Spiel mit meinem Kind." Das musst du auch nicht! Vermittle deinem Kind, dass es dir wichtig ist, Zeit mit ihm zu verbringen. Lege eine bestimmte Zeit fest und lass dein Kind entscheiden, was ihr zusammen macht. Halte dich an dein Versprechen, damit dein Kind die Gewissheit hat, dass du verlässlich für es da bist. Es reichen vielleicht schon 15 Minuten „Quality Time" täglich, in der ihr euch ungestört aufeinander einlasst. Entscheidend ist nicht die Länge eurer Spielphase, sondern die intensive Aufmerksamkeit, die du deinem Kind schenkst.

EXPERTENTIPP

Das richtige Spielmaterial: Weniger ist mehr!

Gerade Kinder mit viel Spielzeug langweilen sich häufig und können nicht konzentriert spielen. Wenn man sich nicht entscheiden kann, womit man anfangen soll, oder ständig die Spiele wechselt, kann man keine Ausdauer erwerben und kein Spielzeug richtig genießen. Empfehlenswert sind daher Spielmaterialien, die die Neugier und die Fantasie anregen und auf vielseitige Weise genutzt werden können.

Es muss übrigens nicht immer Spielzeug sein, womit sich das Kind beschäftigt. Für Kinder sind alle Alltagsgegenstände hochinteressant. Wichtig ist, dass sich dieser Gegenstand zweckentfremden und kreativ verwenden lässt.

SPIELFORMEN

Verschiedene Spielformen fördern unterschiedliche Entwicklungsbereiche.

Funktionsspiele wie Bauen, Malen und Zeichnen, Basteln, Kneten und Konstruieren, fördern vor allem feinmotorische Fähigkeiten.

Lernspiele unterstützen die geistige Entwicklung. Hierzu zählen Spiele mit Buchstaben, Zahlen, Sprachspiele etc.

Körperspiele wie Rennen, Hüpfen, Klettern, Balancieren etc. fördern die Wahrnehmung des eigenen Körpers und die Grobmotorik. Die Bewegung ist nicht nur gut für die Muskulatur, sondern auch für den Stoffwechsel, das Gehirn und das Selbstbewusstsein.

Das freie Spiel kommt ganz ohne Konzept aus. Freies Spielen ist Spielen ohne vorgegebene Regeln oder Wege. Alles lässt sich auf viele Arten spielen und jedes Kind (und jeder Erwachsene) hat seine eigene Vorstellung davon, wie das Spiel aussehen kann. Eine Form des freien Spiels sind Symbolspiele und Rollenspiele: Im „So-tun-als-ob"-Spiel werden Lernerfahrungen im emotionalen und sozialen Bereich gesammelt. Hier ahmen die Kinder Handlungen aus ihrer Umgebung nach und lernen, sich in andere einzufühlen und ihrer Fantasie freien Lauf zu lassen.

Regelspiele wiederum bieten Erfahrungsmöglichkeiten im Umgang mit Mitspielern und dem eigenen Problemlöseverhalten. Die Kinder lernen, ihre Bedürfnisse für einen Moment zurückzustellen, Regeln auszuhandeln und einzuhalten, Konkurrenz und Frustrationen zu ertragen, Kompromisse einzugehen und vieles mehr. Ein Beispiel für Regelspiele sind Brettspiele oder auch viele Bewegungsspiele wie etwa „Feuer, Wasser, Sturm".

Versuche, deinem Kind Abwechslung zwischen körperlichen und intellektuellen Aktivitäten zu bieten, damit Körper und Geist angesprochen werden. Wie weiter oben bereits erwähnt, ist auch die Verknüpfung verschiedener Bereiche wertvoll, also z. B. die Verbindung eines Lernspiels mit Bewegungsimpulsen. Wie du siehst, bietet das Spielen unglaublich viele Entwicklungspotenziale. Also, worauf warten wir noch? Lasst uns SPIELEN!

KAPITEL 3

DIE SCHÖNSTEN SPIELE FÜR DIE KONZENTRATION

Für eine ganzheitliche Gehirnentwicklung brauchen Kinder viele unterschiedliche Sinnesreize: Mit dem Körper, dem Gehör, den Augen, dem Geschmacks- und dem Geruchssinn wahrzunehmen ist für die Entwicklung essenziell. Wahrnehmungsspiele trainieren gleichermaßen die Konzentration und die Ausdauer.

AUGEN AUF: VISUELLE KONZENTRATION

Mehr als drei Viertel unserer Umwelt nehmen wir über die Augen wahr. Bei der visuellen Wahrnehmung geht es aber nicht nur um die Fähigkeit, gut zu sehen, sondern um viel mehr:

Wir nehmen Formkonstanz wahr, die uns ermöglicht, z. B. einen Löffel auch bei veränderter Größe, Form und Farbe als Löffel zu erkennen.

Durch die Figur-Grund-Wahrnehmung können wir Objekte oder Personen inmitten anderer Dinge oder vor einem Hintergrund erkennen.

Mithilfe unserer Augen bilden wir auch räumliches Orientierungsvermögen aus, d. h., wir nehmen unsere Raum-Lage-Beziehungen zu Gegenständen und Personen im Sinne von rechts, links, neben, über, unter, vor und dahinter wahr. Und schließlich koordinieren wir das Sehen noch mit den Bewegungen unseres Körpers.

In den folgenden Übungen spielen ein aufmerksames Auge, ein wacher Geist sowie Farben, Formen und Bilder eine wichtige Rolle. Und nun viel Spaß beim Spielen.

WAS BEDEUTET EIGENTLICH WAHRNEHMUNG?

Wahrnehmung ist ein sehr komplexer Prozess: Unzählige Reize werden jeden Moment von unseren Sinnesorganen aufgenommen, über Neuronen zum Gehirn weitergeleitet und dort verarbeitet. Wie vielschichtig unsere Wahrnehmung ist, zeigt sich allein darin, dass wir über sieben unterschiedliche Sinne verfügen: Sehen, Hören, Riechen, Schmecken und Tasten, ferner den Gleichgewichtssinn (Lage- und Drehsinn) sowie die Tiefensensibilität (Stellungs-, Bewegungs- und Kraftsinn). Unser Gehirn muss alle Reize, die über Augen, Ohren, Zunge oder Nase, Haut oder Muskeln übermittelt werden, sortieren, vergleichen, koordinieren und speichern. Dann werden die verarbeiteten Informationen mit entsprechenden Impulsen an den Körper zurückgeschickt, damit wir angemessen handeln – in Form von Sprache, Emotion oder Bewegung. Alle sieben Sinne sind bei der Geburt mehr oder weniger ausgebildet. Im Laufe unserer kindlichen Entwicklung lernen wir, die Sinne miteinander zu koordinieren.

Ein vielfältiges Angebot an Sinnesreizen ist wichtig, denn sensorische Reize spielen eine wesentliche Rolle für den Aufbau neuronaler Verbindungen im zentralen Nervensystem. Gerade für kleine Kinder ist es gar nicht so einfach, sich für längere Zeit zu konzentrieren. Umso schöner ist es, wenn wir diese Fähigkeiten im Alltag spielerisch fördern und nebenbei noch ihr Gedächtnis schulen können.

Deshalb haben wir in diesem Kapitel viele Spiele zur Wahrnehmungs- und Konzentrationsförderung zusammengestellt. Dein Kind lernt, genau zu beobachten und zu unterscheiden und verbessert Merkfähigkeit, Konzentration und Vorstellungskraft.

KLEINE KÜNSTLER

ab 2 Spielern
10 Min. aufwärts

Bei diesem Spiel könnt ihr euch kreativ austoben. Gleichzeitig werden Konzentration, Ausdauer und Orientierungsfähigkeit geschult.

Ihr braucht:
- Papier
- Stifte

So geht´s:
Jeder Mitspieler erhält ein Blatt Papier und einen Stift. Bestimmt einen Spieler zu eurem „kleinen Künstler". Dieser zeichnet nun langsam Strich für Strich ein Bild vor. Die anderen Mitspieler sehen genau zu und zeichnen das Bild nach. Sie warten aber nicht, bis der Künstler fertig ist, sondern starten, sobald der Maler eine Linie gemalt hat. Es ist gar nicht leicht, die Zeichnung des Künstlers im Auge zu behalten und gleichzeitig selbst zu malen, da man sich ständig neu orientieren muss.

Wenn ihr fertig seid, schaut euch die entstandenen Bilder genau an und vergleicht die Ergebnisse. Was wurde richtig kopiert, wo unterscheiden sich die Zeichnungen? Wählt nun einen neuen Künstler und beginnt von vorn.

TIPP

Beginnt mit einfachen Zeichnungen. Je öfter ihr das Spiel gespielt habt, umso detailreicher können die Bilder werden.

Variante:
Rasterspiel: Malt oder druckt für jeden Spieler ein Raster mit drei mal drei Kästchen aus. Der „kleine Künstler" zeichnet oder malt nun in jedes Kästchen ein Symbol oder Zeichen. Die anderen Mitspieler versuchen, auf dem eigenen Blatt alle Symbole in die gleichen Kästchen zu malen.

BUNTE SCHNECKEN BAUEN

ab 2 Spielern
10 Min. aufwärts

Sammelt beim nächsten Spaziergang doch mal ein paar Steine. Diese könnt ihr bunt bemalen und für das lustige Schneckenspiel nutzen.

Ihr braucht:

- Etwa 20 flache Steine
- Acrylfarben/ Fingerfarben/ Wasserfarben
- Einen Würfel (z. B. aus einem eurer Brettspiele)
- Weiße Klebepunkte
- Farbstifte
- Ein Säckchen

Vorbereitung:
Teilt die gesammelten Steine gleichmäßig auf und malt sie farbig an: einen Teil rot, einen anderen gelb, einen grün und den letzten blau. Nun präpariert ihr euren Spielwürfel: Klebt auf jede der sechs Flächen einen großen weißen Punkt, sodass die Würfelbilder nicht mehr sichtbar sind. Ein Punkt bleibt weiß, von den anderen malt ihr jeweils einen rot, gelb, grün und blau an. Auf den letzten Punkt malt ihr einen Stern. Nun könnt ihr beginnen.

So geht´s:
Legt die Steine in ein Säckchen. Würfelt der Reihe nach mit dem Farbwürfel. Versucht dann, einen Stein in der gewürfelten Farbe blind aus dem Säckchen zu ziehen. Gelungen? Das ist der erste Teil deiner Schnecke. Lege ihn vor dich hin. Falsche Farbe erwischt? Der Stein kommt wieder ins Säckchen und der Nächste würfelt. Den weißen Punkt gewürfelt? Du darfst deine Schnecke mit jedem beliebigen Stein verlängern. Den Stern gewürfelt? Oh nein, krieche einmal wie eine Schnecke rund um den Tisch! Jeder gewonnene Stein vergrößert dein Schneckenhaus. Zum Schluss gewinnt derjenige mit dem größten Schneckenhaus.

TIPP

Jüngere Spieler besitzen vielleicht nicht genug Ausdauer, um zu spielen, bis das Säckchen leer ist. Beendet das Spiel z. B. nach 5–7 Spielrunden und legt keine Schnecken, sondern kurze Schlangen.

MURMELBILDER KOPIEREN

ab 2 Spielern
5 Min. aufwärts

Murmeln sind so ein schönes, vielseitiges Spielmaterial. Mit unserer Spielidee trainiert ihr neben der Konzentrationsfähigkeit die Feinmotorik, die Merkfähigkeit und das Übertragen von Mustern, eine wichtige mathematische Vorläuferfähigkeit.

Ihr braucht:
- Duploplatten
- Murmeln

So geht´s:
Murmeln bleiben mit etwas Geschick in den kleinen Erhebungen einer Duploplatte liegen. Das ist ein tolles Feinmotorik-Training. Probiert es einige Male aus, bevor ihr euch ans Spiel wagt.

Jeder Spieler benötigt nun eine Duploplatte und mehrere Murmeln. Der Spielleiter baut auf seiner Platte ein Muster mit den Murmeln vor. Die Mitspieler sehen sich das Muster ganz genau an und versuchen, dieses auf der eigenen Duploplatte nachzubauen. Je jünger die Kinder sind, umso einfacher darf das Muster sein. Am besten beginnt ihr mit einer einfachen Form, wie einem Quadrat, und arbeitet euch zu schwierigen Formen vor.

Schwierigere Variante:
Um das Spiel schwieriger zu gestalten, wird die Vorlage entfernt: Die Mitspieler haben eine Minute Zeit, sich das Muster des Spielleiters einzuprägen. Dann wird die Vorlage zugedeckt und die Spieler versuchen, die Form aus dem Gedächtnis nachzulegen.

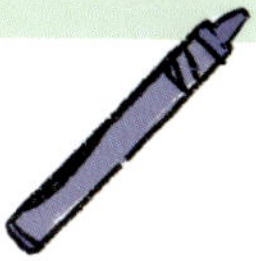

WAS WURDE GEKLAUT?

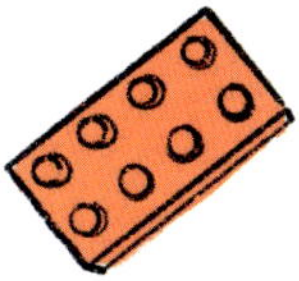

ab 2 Spielern
10 Min. aufwärts

Merkfähigkeit und Konzentration sind bei diesem Spiel gefragt. Wer findet wohl heraus, welcher Gegenstand gestohlen wurde?

Ihr braucht:
- Beliebige Gegenstände

So geht´s:
Wählt einen Spieler zum Spielleiter. Dieser sammelt nun etwa sieben Gegenstände im Raum ein und legt sie auf einen Tisch. Die übrigen Mitspieler prägen sich die Gegenstände eine Minute lang ein und verlassen dann den Raum. Der Spielleiter nimmt einen der Gegenstände vom Tisch weg und versteckt ihn.

Die Mitspieler kommen wieder herein und sagen, welcher Gegenstand fehlt. Haben sie den richtigen Gegenstand genannt, dürfen sie ihn suchen. Der Spielleiter gibt Hilfestellungen, indem er die Spieler mittels „warm“ oder „kalt“ in Richtung des Verstecks lenkt.

Ist der Gegenstand gefunden, werden alle Dinge wieder an ihren Platz gebracht und der nächste Spielleiter wird bestimmt.

Variante „Platzwechsel“:
Anstatt einen Gegenstand wegzunehmen, könnt ihr auch den Platz von zwei Dingen vertauschen.

TIPP

Verringert oder erhöht die Anzahl der Gegenstände je nach Alter und Können der Mitspieler.

ECHTES WIMMELBILD

ab 2 Spielern
20 Min. aufwärts

Dein Kind liebt es auch, seinen ganzen Krimskrams in der Wohnung zu verteilen? Dann ist es von diesem Spiel sicher begeistert! Neben Kreativität und Konzentration steht hier die Sprachförderung im Vordergrund.

Ihr braucht:
- Beliebige Gegenstände
- Gegebenenfalls Fliegenklatsche

So geht´s:
Kennt ihr Wimmelbilder? Genauso eine kunterbunte, volle Szene dürft ihr jetzt mit Dingen aus eurem Haushalt legen. Überlegt zuerst, ob ihr nur Gegenstände aus gewissen Räumen verwenden wollt (z. B. Küche, Garage ...) oder ob ihr euer Wimmelbild vielleicht unter ein Motto stellen möchtet (z. B. Ostern, Weihnachten, Basteln, Tiere ...). Ist das geklärt, geht's auch schon los!
Sammelt Dinge zu dem Thema eurer Wahl und verteilt sie kreuz und quer auf einem Tisch oder einer Decke auf dem Boden. Ihr könnt die Gegenstände beliebig oft umlegen, bis ihr das perfekte Wimmelbild geschaffen habt.

Nun könnt ihr damit verschiedene Spiele umsetzen:
- Ich sehe was, was du nicht siehst: Ein Spieler stellt ein Rätsel, die anderen versuchen, den Gegenstand zu erraten. („Ich sehe was, was du nicht siehst, und das ist blau und rund!“)
- Fliegenklatschen-Spiel: Ein Spieler klatscht einen Gegenstand mit einer Fliegenklatsche ab, ein anderer Spieler nennt den Namen des Gegenstandes oder spricht einen ganzen Satz. („Das ist ein Sieb. Du hast auf das Sieb geklatscht.“)
- Das Ja/Nein-Spiel: Ein Spieler merkt sich einen Gegenstand, die anderen versuchen durch Ja/Nein-Fragen herauszufinden, welcher es ist. („Ist dein Ding rund?“ „Ja.“ „Ist dein Ding blau?“ „Nein!“)
- Anlaut-Schulung: Findet alle Gegenstände zu bestimmten Anlauten. („Welche Dinge beginnen mit A? Sind Sachen mit H dabei?“)
- Kategorisieren und zählen: Teilt die Gegenstände in Kategorien ein (z. B. nach Räumen (Küche, Badezimmer), nach Formen, nach Farben, nach Gewicht (leicht/schwer) etc. Zählt die Dinge in den einzelnen Kategorien und erstellt Strichlisten oder einfache Tabellen.

SCHNI, SCHNA, SCHNAPP!

ab 2 Spielern
10 Min. aufwärts

Bei diesem lustigen Konzentrationsspiel braucht ihr eine schnelle Reaktionsfähigkeit. Nebenbei wird spielerisch auch der Laut /sch/ trainiert.

Ihr braucht:
- Ein Memoryspiel eurer Wahl
- Eine Fliegenklatsche pro Spieler

So geht´s:
Zu Beginn trennt ihr die Paare des Memorys. Die eine Hälfte legt ihr offen auf den Tisch, die andere Hälfte legt ihr verdeckt auf einen Stapel. Der Spielleiter nimmt nun die erste Karte vom Stapel und zeigt sie den Spielern. Diese versuchen so schnell wie möglich, die Karte mit dem identischen Bild zu finden. Sie klatschen mit ihrer Fliegenklatsche darauf und rufen „Schni, schna, schnapp!" Der Spieler, dem dies als Erstes gelingt, darf das Paar behalten. Wer am Ende die meisten Paare gesammelt hat, ist Sieger.

OHREN SPITZEN: AUDITIVE KONZENTRATION

Hören und auditive Wahrnehmung sind nicht identisch. Die auditive Wahrnehmung umfasst viel mehr. Sie ermöglicht uns beispielsweise, trotz Stimmengewirr und Straßenlärm einer Unterhaltung zu folgen. Wir können Geräuschquellen orten, einen Rhythmus und Melodien erkennen, Gehörtes speichern und nachsprechen. Die Fähigkeit zur Lautunterscheidung ermöglicht uns, Laute und Worte zu erkennen und z. B. zwischen „dein Mund" und „mein Mund" oder „Kopf" und „Topf" zu unterscheiden.

Das alles sind nicht nur wichtige Grundlagen, um sprechen zu lernen, sondern auch entscheidende Voraussetzungen für den Erwerb der Schriftsprache.

Die folgenden Spiele fördern das genaue Hinhören, das schnelle Reagieren auf einen Klang und das Unterscheiden von Klängen, Tönen und Lauten – wichtige Fähigkeiten, um sich im Raum zu orientieren, mit anderen zu kommunizieren, Anweisungen auszuführen und richtig sprechen, lesen und schreiben zu lernen.

GEHEIMCODE NOTIEREN

ab 2 Spielern
10 Min. aufwärts

Bei diesem Spiel sind Konzentration, gutes Gehör und Ausdauer gefragt. Welcher Assistent schafft es, den Code richtig aufs Papier zu bringen?

Ihr braucht:
- Zettel und Stift

So geht´s:
Ein Mitspieler ist der Geheimagent. Die anderen Spieler sind die Assistenten und bekommen je einen Stift und einen Zettel. Der Geheimagent gibt einen geheimen Code durch, der aus lauten und leisen Klopfzeichen besteht. Die Agenten versuchen, genau hinzuhören und den Code zu notieren. Für ein lautes Klopfen notieren sie einen Strich, für ein leises Klopfen einen Punkt.

Am Ende vergleichen die Assistenten, ob alle den Code richtig notiert haben. Sie können den Code zum Abschluss auch alle gemeinsam klopfen.

Schwierige Variante:
Ihr könnt mehrere Zeichen vereinbaren, z. B. Klopfen = Strich, Klatschen = Punkt, Schnalzen = Kreis, um das Spiel schwieriger zu gestalten.

Weitere Variante:
Bestimmt einen Feind, der versucht, die Assistenten durch kleine Nebengeräusche abzulenken. Vereinbart vorher genau, welche Ablenkungen erlaubt sind.

QUATSCH MIT SOßE – FEHLERGESCHICHTEN

ab 2 Spielern
10 Min. aufwärts

Bei diesem Spiel dürfen die erwachsenen Leser kreativ werden und Fehler in eine bekannte Geschichte einbauen. Genaues Zuhören und Reflektieren werden hier trainiert. Und wenn der Vorlesende kreative Fehler einbaut, kommen bestimmt auch die Lachmuskeln nicht zu kurz.

Ihr braucht:

- Ein bekanntes Bilderbuch oder eine bekannte Geschichte

So geht´s:
Am besten eignet sich für dieses Spiel ein Buch oder eine Geschichte, die dein Kind schon recht gut kennt. Lies die Geschichte vor und baue bewusst zehn Fehler ein. Dein Kind hat die Aufgabe, genau zuzuhören und die Fehler zu entdecken. Erkennt es einen Fehler, ruft es „Nein!" und stellt den Fehler richtig.

Für jeden erkannten Fehler darf das Kind einen Muggelstein oder Ähnliches vor sich hinlegen. Hat es am Ende der Geschichte zehn Steine vor sich liegen? Perfekt – alle Fehler erkannt! Ansonsten wird noch mal ganz genau zugehört, bis alle Fehler entdeckt sind.

SELBST GEMACHTES HÖRMEMORY

ab 2 Spielern
30 Min. aufwärts

Ihr braucht:

- Ca. 20 leere Plastikdosen, nicht durchsichtig, mit Deckel
- Klebeband oder Washi-Tape
- Dinge zum Einfüllen (z. B.: Kaffeebohnen, Reis, Nudeln, Cent-Münzen, Kieselsteine, Legosteine, Mehl ...)
- Permanentmarker

Memory kennt jeder – aber habt ihr schon mal etwas von einem Hörmemory gehört? Nein? Dann bastelt euch doch gleich ein eigenes – mit Dingen, die ihr bestimmt zu Hause habt.

Vorbereitung:
Die 20 leeren Behälter sollen ausgewaschen und trocken sein. Füllt in jeweils zwei der Behälter den gleichen Inhalt in der gleichen Menge ein (z. B. je zehn Kaffeebohnen, je fünf 1-Cent-Münzen, je einen kleinen Legostein ...). Die zwei Behälter mit demselben Inhalt hören sich nun genau gleich an, wenn ihr sie schüttelt.

Schließt die Behälter und klebt sie zur Sicherheit zusätzlich noch mit Klebeband zu. Verwendet ihr Washi-Tape, wird euer Memory zu einem richtigen Hingucker. Kennzeichnet jedes Paar an der Unterseite der Behälter mit einem identischen Zeichen, z. B. einer Zahl. So könnt ihr am Ende des Spiels kontrollieren, ob die Paare richtig zugeordnet wurden.

So geht´s:
Um das Hörmemory zu spielen, mischt ihr alle eure Hör-Dosen gut durch und stellt sie so auf, dass die Kontrollzahlen nicht zu sehen sind. Jeder Spieler nimmt nun reihum je zwei Behälter und schüttelt diese nacheinander.
Denkst du, du hast ein Paar entdeckt? Super, dann kontrolliere die beiden Unterseiten und schau, ob du recht hast. Wenn ja, darfst du das Paar behalten. Ansonsten stellst du beide Dosen wieder an ihren Platz. Hast du zwei ungleiche Geräusche gehört? Stelle die beiden Dosen ebenfalls wieder an ihren Platz. Dann ist der nächste Mitspieler an der Reihe.
Gewonnen hat, wer am Ende die meisten Paare erspielt hat.

Bewegungsgeschichte SU und BO

ab 2 Spielern
10 Min. aufwärts

Bewegungsgeschichten sind eine tolle Idee, um Kinder spontan zu beschäftigen und gleichzeitig ihre Reaktionsfähigkeit, Aufmerksamkeit und Konzentration zu fördern.

Ihr braucht:
- Folgende oder eine beliebige ausgedachte Geschichte

So geht´s:
Die Geschichte über Su und Bo wird laut vorgelesen. Die Mitspieler sitzen dabei am Boden. Immer wenn die Kinder das Wort „Su" hören, stehen sie auf. Immer wenn von „Bo" die Rede ist, setzen sie sich hin.

„Heute besuchen wir die zwei Hasenkinder SU und BO. Sie wohnen in einem schönen, großen Hasenstall. SU ist gerade aufgewacht, während BO noch etwas döst. SU trippelt aufgeregt mit den Pfoten, sie hört nämlich, wie die Bäuerin näherkommt. Das bedeutet, es gibt jetzt Futter!

Vom leckeren Duft des frischen Grases wacht auch BO auf. SU und BO schlagen sich den Bauch voll und wollen dann ein bisschen ruhen. SU legt sich unter einen schattigen Baum, während BO sich einen Platz am Rand des Stalles sucht. SU schließt gerade die Augen, als ihr Freund BO plötzlich aufgeregt auf und ab hüpft. Die Bäuerin hat vergessen, die Stalltür zu schließen. SU und BO zögern keine Sekunde und flitzen aus dem Stall. Aufgeregt hoppelt SU auf die große Wiese. BO folgt ihr in Windeseile. So große Grashalme haben sie noch nie gesehen! Schade, dass SU und BO gerade gegessen haben, diese Halme schmecken bestimmt sehr lecker. SU und BO spielen im langen Gras Verstecken. Dann hüpft SU weiter und entdeckt einen kleinen Bach. Angezogen vom lauten Plätschern folgt ihr BO. SU und BO schauen gerade neugierig ins Wasser, als plötzlich ein großer Schatten über ihnen auftaucht. SU duckt sich ängstlich, das wird doch wohl kein Fuchs sein? BO versucht schnell zu entkommen, aber – zu spät! Der Besitzer des Schattens hat SU und BO bereits gepackt.

SU und BO schließen die Augen vor Angst und befürchten das Schlimmste! Aber es passiert nichts. SU und BO werden aufgehoben und gestreichelt. SU öffnet die Augen und quiekt

erleichtert. Es ist die Bäuerin, die sie wieder in den Stall zurückbringt.
Von dem spannenden Erlebnis sind BO und SU nun ganz müde. BO kuschelt sich in die hinterste Ecke des geschützten, kuscheligen Stalles. SU legt sich ganz dicht neben ihn und im nächsten Moment sind beide eingeschlafen.

TIPP

Du kannst dir viele weitere Bewegungsgeschichten für deine Kinder ausdenken. Baue einfach zwei oder drei Charaktere ein, die immer wieder vorkommen. Ordne jedem Charakter eine Bewegung zu und schon könnt ihr mit dem Spiel starten.

FRÖHLICHES FALLENLASSEN

ab 2 Spielern
10 Min. aufwärts

Bestimmt könnt ihr euch noch an die Phase erinnern, in der euer Kind alles hinuntergeworfen hat - meist im Alter von 1–2 Jahren. Mit diesem Verhalten will das Kleinkind seine Eltern aber nicht ärgern, sondern seinen natürlichen Entdeckerdurst stillen. Wie hört es sich an, wenn ein spezieller Gegenstand zu Boden fällt? Genau darum geht es auch im folgenden Spiel.

Ihr braucht:
- Unterschiedliche Gegenstände

So geht´s:
Sammelt gemeinsam 5–7 unterschiedliche unzerbrechliche Gegenstände. Nun wird ein Spielleiter bestimmt. Die Mitspieler schließen die Augen.

Der Spielleiter nimmt einen der Gegenstände, lässt ihn aus etwa 30 cm Höhe zu Boden fallen und legt ihn dann wieder zu den anderen Dingen.
Die Mitspieler hören ganz genau hin und überlegen, was wohl gerade auf dem Boden aufgekommen ist. Alle Spieler raten mit, bis der Spielleiter schließlich auflöst. Anschließend wird ein anderer Spielleiter bestimmt, der den nächsten Gegenstand fallen lässt.

Profi-Variante:
Der Spielleiter lässt mehrere Dinge nacheinander auf den Boden fallen. Die Mitspieler merken sich die Gegenstände und deren Reihenfolge.

TIERE BESCHÜTZEN

ab 2 Spielern
10 Min. aufwärts

Bei diesem fantasievollen Bewegungsspiel sind Aufmerksamkeit, schnelle Reaktionsfähigkeit und genaues Hinhören wichtig. Außerdem wird die Orientierungsfähigkeit trainiert.

Ihr braucht:
- Spielzeugtiere

So geht´s:
Stellt 5–10 verschiedene Spielzeugtiere oder Tierfamilien gut verteilt im Raum auf und bestimmt einen Spielleiter. Die Mitspieler sind die Bauern und haben die Aufgabe, die Tiere vor einem Sturm zu schützen. Eine Sturmwolke zieht über dem Bauernhof auf und versucht, die einzelnen Tiere oder Tierfamilien wegzublasen.

Das Spiel beginnt: Der Spielleiter nennt ein Tier und dorthin bewegt sich der unsichtbare Sturm. Die Mitspieler müssen so schnell wie möglich zu dem genannten Tier laufen und die Hände wie ein Dach über ihm ausbreiten. Dadurch wird es geschützt und der Sturm zieht weiter. Der Spielleiter ruft dann den Namen des nächsten Tieres, das wieder von den Mitspielern geschützt wird, und so weiter.

Variante:
Überlegt euch verschiedene Bewegungen, mit denen die Kinder zu den einzelnen Tieren oder Tierfamilien gelangen müssen (Hopserlauf, krabbeln, hüpfen etc.).

BEWEG DICH: MOTORISCHE KONZENTRATION

Für grob- und feinmotorische Aufgaben spielt die taktil-kinästhetische Wahrnehmung, also der Tastsinn, der Gleichgewichtssinn und der Muskel- und Stellungssinn eine wichtige Rolle. Nur wenn diese drei Grundsinne gut zusammenarbeiten, gelingen ganz alltägliche und scheinbar einfache Aufgaben wie beispielsweise ohne Kleckern aus einem Glas zu trinken, den Reißverschluss einer Jacke hochzuziehen oder Knöpfe zu öffnen und zu schließen. Ganz besonders wichtig ist hierbei die sogenannte Auge-Hand-Koordination.

Die Auge-Hand-Koordination ist die Fähigkeit, Dinge auszuführen, für die gleichzeitig Hände und Augen benötigt werden. Mit unseren Augen lenken wir die Aufmerksamkeit auf einen Reiz und helfen dem Gehirn, zu verstehen, wo sich der Körper im Raum befindet. Unsere Hände setzen wir gleichzeitig ein, um gewisse Aufgaben auszuführen, für welche die visuellen Informationen, die über die Augen aufgenommen werden, notwendig sind.

Für fast alle täglichen Aktivitäten ist die Auge-Hand-Koordination erforderlich, z. B. Malen, Basteln, Türen öffnen und schließen, Schreiben oder Tippen auf einer Tastatur. Fast jede Sportart erfordert eine gute Auge-Hand-Koordination, um das Gesehene mit den Bewegungen des Körpers zu koordinieren. Auch beim Auto-, Laufrad-, Roller- oder Fahrradfahren nutzen wir kontinuierlich die Auge-Hand-Koordination.

GUMMIRINGE FISCHEN

ab 2 Spielern
10 Min. aufwärts

Wer schafft es, all seine Gummiringe als Erster aus dem Wasser zu fischen? Dieses Spiel ist schwieriger, als es auf den ersten Blick scheint, und neben einer guten Auge-Hand-Koordination sind Konzentration und ein ruhiges Händchen gefragt.

Ihr braucht:
- Eine flache Schüssel voll Wasser
- Holzstäbchen oder -spieße
- Kleine Gummiringe oder kleine Haargummis

So geht´s:
Füllt eine flache Schüssel mit Wasser und verteilt die Gummiringe flach schwimmend darauf. Jeder Mitspieler bekommt ein Stäbchen und versucht, Gummiringe einzeln aus dem Wasser zu fischen. Dazu führt er das Stäbchen in die Mitte eines Gummiringes und nimmt diesen auf.

Alle Spieler fischen gleichzeitig, dürfen aber die Stäbchen der Mitspieler nicht berühren. Sieger ist, wer am Schluss die meisten Gummiringe herausgefischt hat.

Variante:
Lasst beispielsweise Getränkestöpsel oder Quetschi-Deckel auf dem Wasser treiben und fischt diese mit Suppenkellen oder Löffeln heraus.

TIPP

Dieses Spiel eignet sich auch wunderbar für die Badewanne. Dabei können die Kinder entweder vom Rand aus fischen oder während sie selbst gerade ein Bad nehmen.

Das Konstruieren mit Bausteinen fördert viele Kompetenzen gleichzeitig: die motorische Konzentration ebenso wie die Fein- und die Grobmotorik. Darüber hinaus werden das räumliche Vorstellungsvermögen, Fantasie und Kreativität trainiert. Je nach Geschick und Können des Kindes entstehen immer komplexere Bauwerke. Bausteine sind ein Spielmaterial, das mitwächst und die gesamte Kindheit über verwendet werden kann.

UPCYCLING: BAUSTEINE SELBST MACHEN

ab 2 Spielern
30 Min. aufwärts

Es gibt wohl kaum ein Kind, das nicht gern mit Bausteinen spielt. Mit unserem selbst gemachten Konstruktionsmaterial wird das Spiel gleich noch eine Spur interessanter.

Ihr braucht:

- 10–20 Klopapierrollen
- 20–40 alte CDs oder dickes Tonpapier
- Flüssigen Kleber
- Eventuell Fingerfarben oder buntes Papier

Als Erstes werden eure Bastelmaterialien verschönert: Verziert die Klopapierrollen nach Lust und Laune – z. B. mit Fingerfarben oder Filzstiften. Ihr könnt auch Kinderzeichnungen wiederverwenden und die Rollen damit bekleben. Wer mag, verwendet Sticker, Glitzer oder Pailletten und macht aus dem Bastelmaterial einen echten Hingucker. Habt ihr Permanent-Stifte zu Hause, könnt ihr auch die CDs verschönern.

Alle Teile fertig? Dann klebt ihr auf jede Klopapierrolle oben und unten mit flüssigem Kleber oder mithilfe einer Heißklebepistole eine CD. Die Form ähnelt nun einer Spule. Lasst eure Bausteine gut trocknen und schon sind sie einsatzbereit.

TIPP

Ihr könnt auch Küchenpapierrollen sammeln und daraus hohe Bausteine machen. So entstehen weitere Möglichkeiten zum Bauen.

So geht´s:

Ihr könnt mit euren selbst gemachten Bausteinen Türme, Burgen oder Höhlen bauen oder sie als Zaun für einen Bauernhof verwenden. In Kombination mit anderem Konstruktionsmaterial tun sich viele weitere Möglichkeiten auf.

EXPERTENTIPP

Bauen und Konstruieren trainiert nicht nur die Feinmotorik, sondern fördert auch die Vorstellungskraft und ist ein sehr gutes Gedächtnistraining. Kinder lernen u. a., was schwer, leicht, kurz und lang ist und wie die Schwerkraft wirkt. Zudem werden die Geschicklichkeit und das räumliche Vorstellungsvermögen geschult. Größen, Farben, Formen und Muster werden erkannt und sortiert.

BALLON IN DER LUFT HALTEN

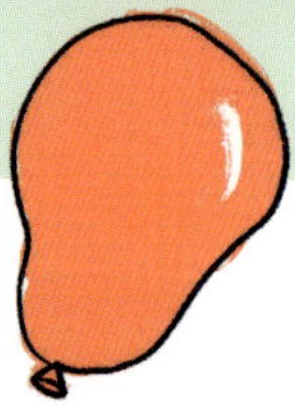

ab 1 Spieler
10 Min. aufwärts

Dieses Spiel kennen sicherlich viele aus der eigenen Kindheit. Aber habt ihr es auch schon mit euren Kindern ausprobiert? Viele einfache Kinderspiele geraten leider in Vergessenheit. Schade, denn diese einfache Übung schult die Geschicklichkeit, die Konzentration und das Reaktionsvermögen.

Ihr braucht:
- Luftballons

So geht´s:
Jeder Spieler bläst einen Luftballon auf und knotet ihn zu. Auf ein Startzeichen hin werfen alle ihre Ballons in die Luft und versuchen, diese möglichst lange in der Luft zu halten. Dafür dürfen alle möglichen Körperteile verwendet werden, wie z. B. der Kopf, die Füße, die Ellbogen etc. Wer seinen Luftballon am längsten in der Luft behält, ist Sieger.

Variante:
Ihr könnt beispielsweise auch mitzählen, wie oft ihr den Luftballon wieder nach oben befördert. Wer schafft es 20-mal, bis der Luftballon hinunterfällt? Wer schafft es vielleicht sogar 50- oder 100-mal? Je fleißiger man übt, umso bessere Erfolge erzielt man.

Schwierige Variante:
Gebt vor, mit welchem Körperteil der Luftballon berührt werden darf. Eine Runde, in welcher der Ballon nur mit dem Kopf nach oben gestoßen werden darf, ist beispielsweise schon recht schwierig. Probiert es auch mit Füßen, Knien, Schultern etc. aus.

Variante mit selbst gemachtem Tennisschläger:
Klebt ein dickes Lineal oder ein schmales Holzbrett an einen großen Pappteller, schon habt ihr einen selbst gemachten Tennisschläger. Haltet nun den Luftballon nur mithilfe des Schlägers möglichst lange in der Luft.

Partnerspiel:
Anstelle eines Wettspiels könnt ihr auch ein Gemeinschaftsspiel machen: Wie lange könnt ihr den Luftballon alle gemeinsam in der Luft halten? Dafür sind Zusammenarbeit und Kommunikation wichtig.

DAS ETWAS ANDERE TURMSPIEL

ab 2 Spielern
10 Min. aufwärts

Ein witziges Geschicklichkeitsspiel, für das ihr lediglich Stifte braucht. Neben der Motorik und der Konzentration wird die Frustrationstoleranz geschult, denn seid euch sicher: Irgendwann wird euer Turm umfallen!

Ihr braucht:
- Viele Stifte

So geht´s:
Ziel des Spiels ist es, einen möglichst hohen Turm aus Stiften zu bauen. Dazu werden zwei Stifte parallel zueinander auf den Tisch gelegt. Dazwischen bleibt ein Abstand von etwa 10 cm. Nun werden zwei weitere Stifte quer auf die ersten beiden gelegt, sodass diese sich quasi überkreuzen. Die nächsten beiden Stifte werden wieder so aufgelegt wie die ersten beiden etc.

Jeder Spieler legt zwei Stifte auf, dann ist der nächste an der Reihe. Auf diese Weise wächst ein Stifte-Turm in die Höhe.

Ihr könnt das Spiel entweder gemeinschaftlich als Team spielen oder als Wettspiel gegeneinander. Verloren hat der Spieler, bei dem der Turm umfällt.

BLITZSPIEL: DER GESCHICKTE STORCH

ab 1 Spieler
5 Min. aufwärts

Eine Achtsamkeitsübung, die das Gleichgewicht, die Wahrnehmung und die Motorik schult. Die Kinder erleben ihren Körper bewusst im Hier und Jetzt und können zu Ruhe und Entspannung finden.

So geht´s:
Stell dich gerade hin, beide Beine fest auf dem Boden. Nimm die Verbindung zwischen Boden und Fußsohle ganz bewusst wahr. Bringe nun ein Bein angewinkelt nach oben und lege die Fußsohle innen an den Oberschenkel des anderen Beines. Die Arme werden – wie die Flügel des Storches – nach außen gestreckt. Bleibe so lange in dieser Position, wie es angenehm ist. Dann wechselst du den Fuß.

Schwierige Variante:
Schaffst du die Übung auch mit geschlossenen Augen?

WASSERBERGE TUPFEN

ab 1 Spieler
10 Min. aufwärts

Ihr braucht:

- Papier & Stifte
- Klarsichthüllen
- Ein Glas voll Wasser
- Etwas Lebensmittelfarbe
- Pipetten

Die Konsistenz von Wasser ist schon erstaunlich! Es ist äußerst faszinierend, wie bunte Wasserberge auf dem Papier entstehen. Aber aufgepasst und volle Konzentration – ein Wassertropfen zu viel und der Berg fließt auseinander.

Vorbereitung:
Malt auf ein Blatt Papier viele unterschiedlich große Kreise. Steckt das Blatt in eine Klarsichthülle. Schon habt

ihr den Spielplan vorbereitet. Jeder Spieler benötigt einen. Färbt das Wasser im Glas mit ein paar Tropfen Lebensmittelfarbe ein.

So geht´s:
Jeder Spieler erhält einen Spielplan in Klarsichthülle und eine Pipette. Ganz vorsichtig werden nun alle Kreise auf dem eigenen Spielplan Tropfen für Tropfen mit Wasser gefüllt. Hier ist großes Geschick gefragt, denn wie bereits erwähnt – ein falscher Tropfen genügt und der entstandene Wasserberg fließt auseinander oder der aufgemalte Kreis wird überschritten.

Farb-Variante:
Bei der Farb-Variante malt ihr Kreise in unterschiedlichen Farben auf die Spielpläne. Bereitet dann gefärbtes Wasser in denselben Farben vor. Es darf nun jeder Kreis nur mit dem farblich passenden Wasser gefärbt werden.

TIPP

Ist es nicht erstaunlich, dass sich einzelne Wassertropfen so fest zusammenschließen, dass richtige Wasserberge entstehen? Wenn ihr ganz vorsichtig seid, könnt ihr die Wasserberge sogar mit dem Finger über die rutschige Klarsichthülle schieben.

SPÜRE GENAU: TAKTILE KONZENTRATION

Die meisten Sinnesreize werden über die Haut wahrgenommen. Deren Tastpunkte leiten Reize sofort an das Gehirn weiter, wo sie als Berührung, Kälte, Wärme, Vibration oder Schmerz registriert werden. Jeder sinnliche Reiz trägt dazu bei, dass sich das Netz aus Nervenzellen verfeinert und die Knotenpunkte stabiler werden.

Maria Montessori sagt: „Das Sinnesmaterial öffnet dem Kind den Weg in die Welt." Lerninhalte müssen also im wahrsten Sinne des Wortes „be-GRIFFEN" werden. Kinder entwickeln beispielsweise nur ein vollständiges Zahlenverständnis, wenn sie sich handelnd mit Zahlen befassen. Das machen sie oft automatisch, zählen alle möglichen Dinge, hüpfen eine bestimmte Anzahl an Sprüngen etc.

An den Fingerspitzen und Fußsohlen sind wir besonders berührungsempfindlich. Auch an den Lippen und der Zunge sind sehr viele Tastpunkte. Mit den nachfolgenden Spielideen bietest du deinem Kind die unterschiedlichsten taktilen Sinneseindrücke und förderst so seine taktile Entwicklung.

TAST-LUFTBALLONS

ab 2 Spielern
30 Min. aufwärts

Sowohl für Kinder als auch für Erwachsene ist es richtig spannend, den Sehsinn auszuschalten und sich nur auf seinen Tastsinn zu konzentrieren. Mit diesem einfachen Spiel könnt ihr das ausprobieren.

Ihr braucht:

- Verschiedenfarbige Luftballons
- Füllmaterial wie Mehl, Reis, Knete, Wasser, getrocknete Erbsen ...
- Trichter

Vorbereitung:
Für euer Tastspiel füllt ihr jeden Luftballon mit einem Material. Der Trichter hilft beim Einfüllen. Knotet die Ballons gut zu.

Achtet darauf, die Ballons nicht übermäßig zu füllen, da sie sonst leicht platzen können.

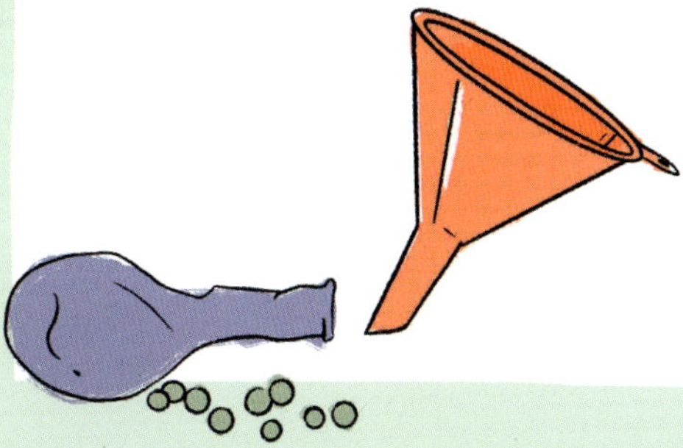

So geht`s:
Nehmt nun die verschiedenen Luftballons zur Hand und betastet sie ausgiebig. Beschreibt, wie sich die Ballons anfühlen, und versucht zu erraten, mit welchem Material sie gefüllt sind.

TIPP

Notiere dir, welches Material in welchem Luftballon ist. So hast du einen besseren Überblick, vor allem bei ähnlichem Füllmaterial.

Memory-Variante:
Ihr könnt euch, angelehnt an diese Idee, ganz einfach ein Memory basteln. Nehmt dafür lauter gleichfarbige Luftballons und füllt jeweils zwei mit demselben Inhalt. Jeder Spieler befühlt zwei Ballons – fühlen sie sich gleich an, darf der Spieler das Paar behalten, fühlen sie sich verschieden an, ist der nächste Spieler an der Reihe.

Muss mein Kind eigentlich immer in Aktion sein? Nein, deinem Kind darf auch mal langweilig sein. Versuche, diese Langeweile zuzulassen. Denn aus dem Vakuum, das durch Langeweile entsteht, können sich kreative Ideen und neue Spiele entwickeln. Allzu schnell machen wir Vorschläge oder erlauben resigniert die Nutzung von digitalen Medien, obwohl Langeweile einen guten Impuls zu neuen Spielideen liefern könnte.

ENTSPANNUNGSRITUAL: WO SPÜRST DU ES?

ab 2 Spielern
10 Min. aufwärts

Diese entspannende Übung kann als abendliches Ritual vor dem Schlafengehen eingeführt werden oder nach dem Kindergarten bzw. der Schule gemacht werden, damit das Kind zwischendurch Kraft tanken kann.

Ihr braucht:
- Reissäckchen oder runde, mittelgroße Steine
- Decke
- Entspannungsmusik

So geht´s:
Das Kind legt sich flach auf die Decke. Lege ruhige Musik auf und öffne das Fenster, um frische Luft hereinzulassen. Nun lege deinem Kind langsam und achtsam Reissäckchen oder Steine auf verschiedene Körperstellen. Das Kind beschreibt dabei, wo es die Säckchen oder Steine spürt.

Später können die Rollen getauscht werden. Die Übung kann auf dem Bauch oder auf dem Rücken liegend durchgeführt werden. Zur vollständigen Entspannung dürfen natürlich die Augen geschlossen werden.

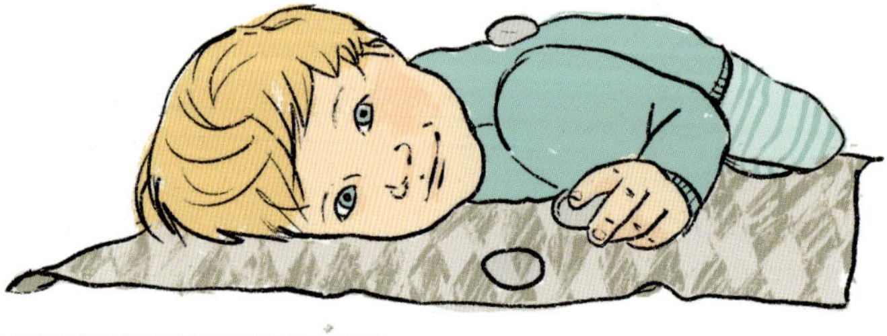

KNOPF-MEMORY

2–3 Spieler
10 Min. aufwärts

Knöpfe sind ein Material, das in jedem Haushalt zuhauf vorhanden ist. Für unser taktiles Memory brauchen wir jeweils zwei gleiche.

Ihr braucht:
- Knopf-Paare in unterschiedlichen Größen und Formen
- Tücher oder Schals als Augenbinden

So geht´s:
Sucht viele unterschiedliche Knopfpaare und gebt sie in eine größere flache Schachtel. Das Memory wird mit verbundenen Augen gespielt. Die Spieler konzentrieren sich ganz auf ihre haptische Wahrnehmung.

Die Mitspieler tasten nun alle gleichzeitig vorsichtig mit ihren Händen in der Schachtel nach Knöpfen und versuchen, Knopfpaare zu erfühlen. Hat jemand eines ertastet, legt er es zur Seite. Es wird so lange gespielt, bis keine Knöpfe mehr übrig sind. Wer die meisten Paare erfühlt hat, ist Sieger.

Wenn alle gleichzeitig in die Box greifen, erfordert das erhöhte Konzentration und kann eine Herausforderung sein. Aber diese Art des Spiels sorgt auch für besonders viel Nervenkitzel und Spannung.

TIPP

Natürlich könnt ihr, wie bei einem normalen Memory, auch abwechselnd spielen. Man kann das Knopf-Memory sogar allein spielen. Dann wird es zu einer meditativen Übung.

Variante:
Ihr habt keine passenden Knöpfe zu Hause? Dann macht doch ein Gegenstände-Memory. Packt viele verschiedene Alltagsgegenstände in eine Box – von jedem immer zwei (Büroklammern, Wäscheklammern, Löffel, Socken …). Nun werden alle Gegenstände vermischt und die Mitspieler versuchen, die Paare mit verbundenen Augen zu ertasten.

Ruhezeiten:
Es ist wichtig aktive Phasen durch ruhige Aktivitäten auszugleichen, um dem Kind Zeit zum Verarbeiten zu geben und eine gute Balance zwischen Aktivität und Entspannung zu fördern. Plane daher auch Zeit im Alltag ein, in der sich dein Kind ausruhen oder für sich in Ruhe einer Aktivität nachgehen kann.

WAS SCHMECKST DU?

ab 2 Spielern
20 Min. aufwärts

Bei diesem spannenden Spiel geht es um den Geschmackssinn und die Mundraumwahrnehmung. Sobald beim Essen der Sehsinn ausfällt, nehmen wir Geschmack und Konsistenz von Lebensmitteln besonders intensiv wahr.

Ihr braucht:

- Kleine Häppchen von Lebensmitteln in unterschiedlichen Geschmacksrichtungen und von verschiedener Konsistenz (Brot, Schokolade, Zitrone, Apfel, Grapefruit, Joghurt, eingelegte Gurke, Chips)
- Löffel, Gabel, Teller
- Tücher oder Schals als Augenbinden

So geht´s:
Der Erwachsene bereitet einen Teller mit einigen der oben genannten Lebensmittel vor. Besonders spannend wird es, wenn die Kinder diese vorher nicht sehen.

Nun werden den Kindern die Augen verbunden und der Erwachsene füttert die Spieler nacheinander mit einem Häppchen desselben Nahrungsmittels. Sobald alle Kinder einen Happen im Mund haben, beschreiben sie gemeinsam dessen Geschmack und Konsistenz und versuchen zu bestimmen, was sie gerade essen.

TIPP

Kinder können sehr sensibel auf bestimmte Geschmäcker oder Konsistenzen reagieren. Am besten vorher nachfragen und ggf. etwas weglassen.

DER FLASCHENGEIST

ab 2 Spielern
20 Min. aufwärts

Für dieses märchenhafte Spiel ist ein guter Riecher gefragt. Taucht ab in die Welt des kleinen Flaschengeistes und helft ihm, seine Flasche zu finden.

Ihr braucht:

- Drei kleine Flaschen mit etwas größerer Öffnung
- Ein kleines Stoffstück (ca. 10 x 10 cm)
- Vier Watteböllchen
- Drei verschiedene Duftöle

Bastelanleitung:
Bastelt als Erstes euren Flaschengeist. Umwickelt dazu ein Wattebällchen mit dem kleinen Stück Stoff und bindet es mit einer Schnur zusammen: Das ist der Kopf des Flaschengeistes. Malt ihm ein Gesicht auf und beträufelt seinen Kopf mit einem der Duftöle.

Die drei übrigen Wattebällchen werden mit jeweils 1–2 Tropfen eines der drei Duftöle beträufelt. Danach kommt jedes Wattebällchen in eine Flasche. Beachte: Eins der Wattebällchen riecht genauso wie der Flaschengeist.

So geht's:
Die Aufgabe ist es nun, durch Riechen die Flasche des Flaschengeistes zu finden. Hat das Kind sie gefunden, schlüpft der Geist in die Flasche.

Folgende Geschichte kann dem Kind als Spielanleitung dienen:
Der kleine Flaschengeist war lange verreist. Er wundert sich sehr, denn er findet sein Zuhause nicht mehr. Er schnüffelt hier, er schnüffelt da. Er weiß nicht mehr, welche seine Flasche war! Kannst du ihm helfen sie zu finden? Schnüffle hier, schnüffle da und zeig ihm, welche es war!

Alternative:
Statt der Duftöle könnt ihr auch intensiv duftende frische Kräuter verwenden.

ENTSPANNUNGSRITUAL: MASSAGEKISTE

ab 2 Spielern
10 Min. aufwärts

Ihr braucht:
- Verschiedene Bürsten, Rollen, Noppenbälle etc.
- Eine Kiste

So geht´s:
Packt die verschiedenen Massage-Utensilien in eine Kiste und schaut euch die Dinge gemeinsam an. Dein Kind sucht sich einen Gegenstand aus, mit dem es anschließend abgerollt wird. Rolle dein Kind so lange mit dem gewählten Gegenstand ab, wie es dies möchte. Danach wird der nächste Gegenstand verwendet. Dein Kind darf gern versuchen, die verschiedenen Wahrnehmungen und die Unterschiede zwischen den Materialien zu beschreiben.

Durch das langsame Abfahren und Abrollen nimmt dein Kind seinen Körper intensiv wahr. Zudem entspannt oder aktiviert diese Übung – je nach Material.

WUNDERSPIELZEUG REISWANNE

ab 1 Spieler
10 Min. aufwärts

Die „Sensory Bin", übersetzt „Sensorische Wanne", eignet sich ganz wunderbar für Wahrnehmungsspiele. Wie der Name schon sagt, wird eine kleine Wanne mit sensorischem Material, in unserem Fall Reis, befüllt. Dieses Material können die Kinder dann im freien Spiel oder für unterschiedliche sensorische Spielideen verwenden. Ein paar unserer Klassiker stellen wir nun vor:

Ihr braucht:
- Eine größere Plastikbox mit Deckel
- 2 kg Reis

Damit sensorisches Spiel gut funktioniert und nicht im Chaos endet, müssen einige Rahmenbedingungen beachtet werden:

- Plane genügend Zeit ein, damit dein Kind in Ruhe spielen und ausprobieren und am Ende gemeinsam ohne Hast aufgeräumt werden kann.
- Verwende eine große Unterlage, wie etwa eine lange Tischdecke oder eine dünne Baumwolldecke. Wenn beim Spielen etwas daneben geht, können die Reiskörner einfach mithilfe der Decke in die Box zurückbefördert werden.
- Spielt nur auf einem sauberen Untergrund und mit gewaschenen Händen, damit die Reiswanne lange sauber bleibt.

Folgende Ideen könnt ihr mit eurer Reiswanne ausprobieren:

1: Schüttübungen

Für diese Idee braucht ihr neben der Reiswanne ein paar Küchenutensilien wie etwa Löffel, Trichter, Schüsseln, Gläser etc.

Bietet diese Utensilien in Kombination mit der Reiswanne als Spielimpuls an. Euer Kind kann nun den Reis in die unterschiedlichen Gefäße schütten, löffeln oder mit den Händen einfüllen. Dabei macht euer Kind nicht nur sensorische Erfahrungen, sondern kann in einem ungezwungenen und sicheren Rahmen Alltagshandlungen wie Umfüllen, Löffeln und Schütten üben.

EXPERTENTIPP

Bei offenen sensorischen Angeboten wie diesem gibt man als Erwachsener nur sehr wenig Impulse, man ist eher stiller Beobachter und schaut zu, wohin das Spiel das Kind führt.

Kinder kommen dann sehr leicht in einen Flow (flow – „fließen"): einen Zustand, in dem alles einfach läuft und die Kinder ohne Mühe vertieft und konzentriert ihrer Tätigkeit nachgehen. Auch viele Erwachsene kennen diesen Flow und das beglückende Gefühl, wenn etwas mühelos gelingt, ohne dass man Überforderung, Angst oder Langeweile verspürt. In diesem Zustand passiert echtes, lebenslanges Lernen, man ist vollkommen entspannt und ganz bei sich.

Basteltipp – selbst gemachter Trichter
Einen Trichter für sensorische Spiele könnt ihr ganz einfach aus einer leeren PET-Flasche basteln. Schneidet den unteren Teil der Flasche ab und entfernt den Deckel – schon ist der Trichter fertig. Füllt den Reis oben ein und lasst ihn durch den schmalen Flaschenhals nach unten rieseln.

TIPP

Klebt leere Klopapierrollen oder Küchenpapierrollen an die Innenseite eurer Reiswanne. So kann euer Kind von oben Reis hindurchrieseln lassen. Das macht richtig Spaß.

2: Puzzle bauen
Versteckt die Teile eines Puzzles in der Reiswanne. Fischt diese dann mit den Händen oder einer Küchenpinzette heraus und baut das Puzzle. So macht Puzzeln gleich doppelt so viel Spaß.

3: Blind ertasten
Versteckt mehrere kleinere Alltagsgegenstände in der Reiswanne. Mit verbundenen Augen versucht ein Spieler, die einzelnen Dinge zu finden, zu betasten und zu erkennen.

4: Muster legen
Legt verschiedene Gegenstände wie Murmeln, Bausteine, Blüten etc. bereit und legt damit ein Muster in den Reis. Das Bauen von Mandalas ist sehr meditativ und fördert die Kreativität. Besonders schöne Muster könnt ihr

fotografieren, ausdrucken und aufhängen. So bleiben eure wunderschönen Werke in Erinnerung.

5: Fantasiespiel Baustelle
Legt einige größere Steine und verschiedene Spielzeugfahrzeuge wie Bagger, Traktor etc. in die Reiswanne. Schnell verwandelt sich eure Reiswanne in eine Baustelle.

Lernen mit der Reiswanne
Eine Reiswanne könnt ihr für eure Kinder bis ins Grundschulalter für multisensorische Lernideen verwenden. Beispielsweise könnt ihr darin Kärtchen mit Lernwörtern, Sätzen zum Lesen oder Rechenaufgaben verstecken. Das Kind sucht die Kärtchen im Reis und übt damit Schreiben, Rechnen oder Lesen.

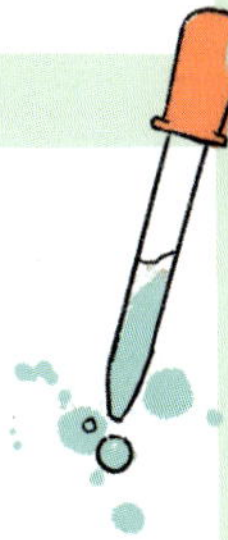

DAS TRÖPFCHENSPIEL

ab 2 Spielern
5 Min. aufwärts

Dieses Konzentrationsspiel fördert die Körperwahrnehmung und die haptische Entwicklung. Das Warten auf die Tropfen ist ein richtiger Nervenkitzel und erfordert Geduld und Konzentration.

Ihr braucht:
- Eine Pipette
- Wasser
- Tuch oder Schal als Augenbinde

So geht´s:
Einem Spieler werden die Augen verbunden. Er legt beide Hände mit gespreizten Fingern auf den Tisch. Ein anderer Spieler füllt die Pipette mit Wasser und lässt einen Tropfen auf einen beliebigen Finger des Spielers fallen. Dieser hebt den Finger, auf dem er den Tropfen gespürt hat. Nach einigen Wiederholungen werden die Rollen gewechselt.

TIPP

Spiele und Übungen mit Pipetten sind sehr wertvoll. Damit wird sowohl die Kraftdosierung als auch die Fingergeschicklichkeit trainiert.

KAPITEL 4

DIE SCHÖNSTEN SPIELE ZUR MOTORIK

Es ist aufregend, den eigenen Körper und seine Kräfte zu entdecken. Bewegung, Kraft und Koordinationsfähigkeit entwickeln sich während der gesamten Kindheit. Dabei ist die Grobmotorik der Feinmotorik immer einen Schritt voraus und Übung macht den Meister! Mit den nachfolgenden Aktivitäten kannst du dein Kind spielerisch darin unterstützen, seine motorischen Fähigkeiten weiterzuentwickeln.

HÜPFEN, GEHEN, RENNEN: DIE GROBMOTORIK

Die Grobmotorik umfasst all jene Bewegungsfunktionen des Körpers, welche die Gesamtbewegung betreffen, also beispielsweise hüpfen, springen und klettern. Viele Teile des Körpers sind dabei aktiv.

Spiele und Aktivitäten mit Bewegung sind auf vielfältige Weise großartig für die kindliche Entwicklung, für Knochen, Sehnen, Muskeln und den Kreislauf. Körperliche Betätigung macht Spaß und trainiert Koordination, Kraft und Beweglichkeit.

Aber nicht nur das – Bewegung ist auch gut für den Geist: Durch körperliche Aktivität kommt es im Gehirn zu einer höheren Durchblutung einzelner Gehirnregionen und die Vernetzung von Neuronen wird angeregt. Ein besser vernetztes Gehirn ist leistungsfähiger und intelligenter.

Bewegung fördert auch die Selbstregulierung – eine wichtige Voraussetzung für den Umgang mit starken Gefühlen und Frustration.

Also los geht's mit unseren Spielideen zur Förderung der Grobmotorik.

ZEHENRENNEN

ab 2 Spielern
30 Min. aufwärts

Bei diesem etwas anderen Wettrennen ist ganzer Körpereinsatz gefragt. Neben der Muskelkraft in den Füßen wird der gesamte Körper beansprucht und der Gleichgewichtssinn geschult.

Ihr braucht:

- Viele verschiedene Alltagsgegenstände mit unterschiedlicher Beschaffenheit, Form und Größe (Spielzeugtiere, Wäscheklammern, Schal, Stift, Löffel, kleine Holzkugel, Legosteine ...)

So geht´s:
Verteilt verschiedene Alltagsgegenstände auf dem Boden und stellt eine leere Box bereit. Alle Mitspieler sind barfuß. Sie versuchen, die Gegenstände mit den Zehen zu greifen und in die Box zu transportieren.

Die Schwierigkeit des Spiels ist von der Größe und der Beschaffenheit der ausgewählten Gegenstände abhängig. Verwendet viele unterschiedliche Dinge, um viele verschiedene Sinneswahrnehmungen zu ermöglichen.

Variante:
Ihr könnt das Zehenrennen auch als Wettrennen gestalten. Dafür braucht jeder Spieler eine Box. Gewonnen hat am Ende, wer die meisten Gegenstände gesammelt hat.

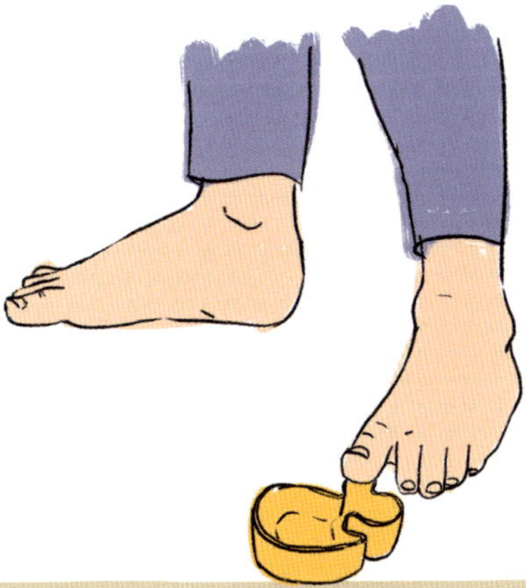

TIPP

Diese Aktivität ist auch ein super Aufräumspiel. Die Spielsachen werden mit den Zehen vom Boden aufgehoben und zum richtigen Platz transportiert. So macht Aufräumen garantiert Spaß.

BLITZSPIEL: SCHNELLES ZIELWERFEN

ab 1 Spieler
5 Min. aufwärts

Dieses einfache Spiel könnt ihr im Sommer unterwegs, z. B. während eines Spaziergangs oder einer Wanderung, umsetzen und damit an eurer Zielgenauigkeit arbeiten.

Ihr braucht:

- Eure Schuhe
- Kleine Kieselsteine

So geht´s:
Alle Mitspieler ziehen ihre Schuhe aus und stellen sie hintereinander auf. Dann suchen sie sich ein Steinchen, das als Wurfgeschoss dient. Vereinbart eine Standlinie, auf der die Spieler beim Werfen stehen, und schon kann es losgehen.

Die Spieler versuchen, mit ihrem Stein in einen der Schuhe zu treffen. Für jeden Stein, der in einem Schuh landet, gibt es einen Punkt. Ziel-König ist, wer am Schluss die meisten Punkte hat.

HINDERNISPARCOURS

ab 2 Spielern
30 Min. aufwärts

Verwandelt euer Zuhause in einen coolen Hindernisparcours und findet heraus, wer diesen geschickt meistert.

Ihr braucht:

- Stühle, Polster, Wäschekörbe, Tücher, Küchenutensilien etc.

So geht´s:
Gestaltet mit Alltagsgegenständen und Möbeln einen kreativen Parcours durch euer Heim. Sessel kann man z. B. zum Durchkriechen, Darüberklettern oder Rundherumlaufen verwenden. Polster eignen sich zum Hüpfen, aufgerollte Decken zum Balancieren, Wäschekörbe zum Hineinsteigen oder Überspringen. Mit diversen Kochutensilien könnt ihr einen Weg legen, dem man folgen soll.

Stellt Wasserflaschen oder Stofftiere als Slalomstangen auf. Je nach Alter und Können der Kinder könnt ihr weitere Möbel wie das Sofa, Tische oder Treppen einbauen. Der Kreativität sind keine Grenzen gesetzt.

Nun darf jeder Spieler den Parcours absolvieren und sich dafür so viel Zeit nehmen, wie er braucht. Jedes Kind hat sein eigenes Tempo.

Varianten:

- Im Rückwärtsgang: Absolviert den Parcours rückwärts.
- Blind: Verbindet einem Spieler die Augen und führt ihn durch den Hindernisweg.
- Eierlauf: Legt ein großes Plastikei auf einen Löffel. Durchlauft den Parcours, ohne dass das Ei herunterfällt.
- Kätzchen: Kriecht wie Kätzchen durch den Parcours.
- Zeitlupe: Geht im Zeitlupentempo durch die Hindernisse.
- Partnerübung: Zwei Spieler stellen sich gegenüber auf und halten sich an den Händen. Macht den Parcours, ohne die Hände loszulassen.

BALLTRANSPORT

ab 1 Spieler
5 Min. aufwärts

Ein lustiges Spiel, bei dem vor allem die Beinmuskulatur und die Geschicklichkeit trainiert werden.

Ihr braucht:
- Zwei kleine Wannen oder Boxen
- Kleine Bälle oder ähnliches Spielzeug (z. B. Duplosteine, Spielzeugtiere ...)

So geht´s:
Der Spieler sitzt auf einem Sessel. Links und rechts vor ihm stehen die zwei Wannen – diese sollen für ihn gut mit den Füßen erreichbar sein.

Füllt nun die linke Wanne mit Bällen oder anderen Spielsachen. Auf ein Startzeichen hin nimmt der Spieler die Sachen einzeln, indem er sie sich zwischen die Füße oder die Fußsohlen klemmt, und befördert sie von der linken Wanne in die rechte. Ist die linke Wanne leer, kommt der nächste Spieler an die Reihe.

Variante:
Ihr könnt ein Wettspiel machen und die Zeiten jedes Mitspielers stoppen.

Verwendet verschiedene Gegenstände, wie z. B. zusammengeknülltes Zeitungspapier, Stofftiere, Muggelsteine oder Spielzeugtiere. Je nach ihrer Form und ihrem Material variiert der Schwierigkeitsgrad und euer Kind macht dadurch die unterschiedlichsten sensorischen Erfahrungen.

TIPP

Müssen Eltern immer mitspielen? Du bist nicht verpflichtet, irgendein Spielprogramm abzuarbeiten. Den Kleinen reicht es oftmals, wenn wir anwesend sind, hinschauen, uns mit ihnen mitfreuen und wertschätzen, was sie tun.

ZAUBERSPIEL

ab 2 Spielern
10 Min. aufwärts

Bei diesem spannenden Spiel sind viel Fantasie und eine rasche Auffassungsgabe gefragt. Ein weiterer Fokus liegt auf genauem Zuhören und Reagieren auf Signale. Die Kinder schlüpfen in verschiedene Rollen, was ihre Fantasie und Kreativität fördert.

Ihr braucht:
- Einen Zauberstab
- Ein Musikinstrument (Rassel, Trommel o. Ä.)

So geht´s:
Der Spielleiter ist in diesem Spiel ein Zauberer. Während er das Musikinstrument spielt, gehen die Kinder durch den Raum. Stoppt der Zauberer die Musik und hebt seinen Zauberstab, heißt es aufgepasst: Der Zauberer verwandelt die Kinder in Tiere: „Abrakadabra, alle Kinder sind nun Katzen (Hunde, Krokodile, Vögel …)!" Und schwupps – krabbeln kleine Kätzchen durch den Raum. Die Kinder dürfen sowohl die Bewegungen der Tiere nachahmen als auch die Laute. Setzt die Musik wieder ein, verwandeln sich die Tiere wieder in Kinder, die durch den Raum gehen und auf das nächste Signal warten.

Basteltipp: Zauberstab
Keinen Zauberstab zur Hand? Dann bastelt euch einen! Sucht im Wald einen etwa 20 Zentimeter langen, geraden Ast, umwickelt ihn mit bunten Wollresten und klebt Sterne aus Tonpapier auf. Schon ist euer Zauberstab einsatzbereit.

BLITZSPIEL: DAS SPANNENDE SCHATTENSPIEL

ab 2 Spielern
5 Min. aufwärts

Dieses einfache Spiel könnt ihr überall machen. Gefordert sind Konzentration, genaues Beobachten und rasches Reagieren.

So geht´s:
Ein Spieler macht verschiedene Bewegungen und Gangarten vor. Ein weiterer Mitspieler ist sein Schatten, er läuft ganz dicht hinter ihm und ahmt die Bewegungen möglichst rasch nach.

Seid kreativ und bietet viele verschiedene Bewegungsabfolgen an. Baut Hopserlauf, Froschhüpfen, seitlichen Gang, Zehen- oder Fersengang ein. Hüpft einbeinig oder beidbeinig, zeigt verschiedene Turnübungen oder imitiert Fahrzeuge oder Tiere.

Variante: Schattenkette
Seid ihr mehrere Spieler, könnt ihr eine ganze Schattenkette machen. Stellt euch dazu hintereinander auf. Jeder Spieler imitiert seinen Vordermann.

WASSERTRANSPORT-SPIEL

ab 2 Spielern
15 Min. aufwärts

Spiele mit Wasser machen allen Kindern Spaß! Unsere Version ist ein actionreiches Gemeinschaftsspiel für draußen, bei dem Geschicklichkeit und eine ausgewogene Mischung aus Schnelligkeit und Vorsicht gefragt sind.

Ihr braucht:

- Einen großen und einen kleineren Eimer
- Becher

So geht´s:
Füllt den großen Eimer mit Wasser und stellt beide Eimer in etwa 50 bis 100 Metern Abstand auf. Jeder Mitspieler bekommt einen Becher und hat nun die Aufgabe, seinen Becher zu füllen und das Wasser so schnell wie möglich vom großen Eimer in den kleineren zu transportieren. Dabei sollte er möglichst nichts verschütten. Die Spieler müssen also sowohl schnell als auch vorsichtig sein. Das ist gar nicht so einfach!

Jeder Spieler schüttet den Inhalt seines Bechers in den kleineren Eimer, läuft dann schnell zurück und holt neues Wasser. Beendet ist das Spiel, wenn der kleinere Eimer bis zum Rand mit Wasser gefüllt ist.

Ein Spielleiter kann während des Spiels die Zeit stoppen. Beim zweiten Durchgang können die Spieler dann versuchen, ihre erste Zeit zu toppen.

TIPP

Alle Spieler können gleichzeitig laufen oder eine Reihe bilden und nacheinander marschieren. Bei der ersten Variante müssen die Spieler zusätzlich aufeinander Rücksicht nehmen und im Team arbeiten.

Profi-Varianten
Klappt die einfache Variante, könnt ihr Profi-Varianten ausprobieren:

- Kellner-Variante: Der Becher wird auf einem Tablett transportiert.
- Doppel-Variante: In jeder Hand wird ein Becher gehalten.
- Taucher-Variante: Die Spieler tragen Flossen und eine Taucherbrille.

Forschen und Entdecken in Garten und Natur

Die Natur ist ein riesengroßer Spielplatz, die Förderung von Grobmotorik und Wahrnehmung erfolgt hier fast von selbst. Sowohl in der Stadt als auch auf dem Land, besonders aber im Wald, findet ihr viele verschiedene Möglichkeiten, um die motorischen Fähigkeiten eures Kindes zu fördern:

- Balancieren: auf Bordsteinkanten, Markierungslinien, liegenden Baumstämmen ...
- Hüpfen: auf Treppen, Steine, Erhöhungen, Pflastersteine ...
- Werfen und fangen: Steine, Zapfen, kleine Äste ...
- Klettern: auf Bäume, Steinmauern, Felsen ...

Tipp

Sucht vielfältige Gelegenheiten zum Balancieren, denn dabei machen Kinder wichtige ganzkörperliche Erfahrungen und trainieren das Gleichgewicht. Dadurch werden im Gehirn Vernetzungen gebildet und ausgebaut. Lasst sie auch rennen, springen oder Purzelbäume schlagen – Kinder, die in Bewegung sind, trainieren ihren Mut und werden selbstsicherer.

Selbst gemachter Motorikpark
Mit einigen einfachen Materialien könnt ihr ruckzuck grobmotorische Spielelemente für euren Garten herstellen:

- Reifenweg: Alte Reifen eignen sich prima zum Balancieren. Diese bekommt ihr oft gratis in Werkstätten oder bei Müllsammelstellen.
- Balancierboard: Spaltet ein rundes Holzscheit in der Mitte und legt eine der Hälften mit der flachen Seite nach unten auf das Gras. Nun kommt ein Brett darauf – schon ist euer Balancierboard fertig.
- Balancierweg: Legt einige Bretter auf umgedrehte Getränkekisten oder rechteckige Holzblöcke und lasst die Kinder darüber balancieren.
- Tennisballweg: Schneidet alte Tennisbälle in der Mitte durch und legt sie mit der offenen Seite nach unten auf das Gras. Ihr habt nun lauter kleine Balanciersteine.

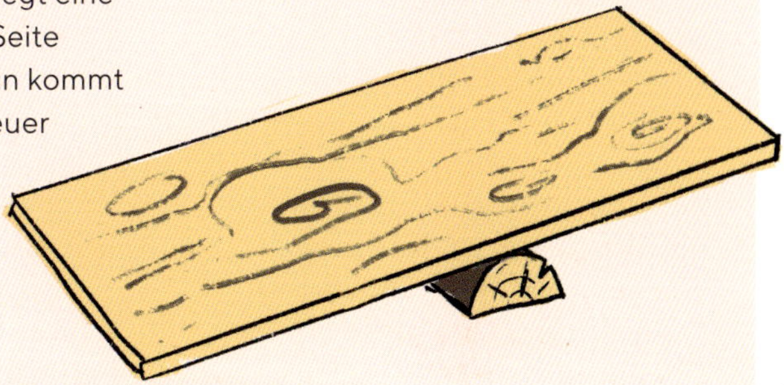

EXPERTENTIPP

Familienprojekte
Gemeinsame Projekte vermitteln deinem Kind praktische Lebenserfahrungen. Es lernt, gemeinsam mit anderen etwas zu planen und zu erledigen. Das kann etwas sein, das in der Wohnung oder am Haus erledigt werden muss, Garten- oder Hausarbeit, Möbel aufbauen oder ein Kinderprojekt, wie z. B. einen Sandkasten oder ein Vogelhäuschen bauen. Ganz egal, für welches Projekt ihr euch entscheidet – das Ziel ist, gemeinsam etwas zu erarbeiten. Dabei entwickeln sich Verantwortungsgefühl, Kooperationsbereitschaft und ein Wir-Gefühl.

Und wenn das Projekt geschafft ist, stellen sich Zufriedenheit und Stolz ein.

Achtsamkeitsübung – Die Natur wahrnehmen

Wenn ihr das nächste Mal draußen unterwegs seid, kannst du dein Kind einladen, die Natur in all ihren Facetten wahrzunehmen. Hierbei stärkst du auch seine Sprachentwicklung, indem du passende Fragen stellst. Lade dein Kind ein, entdeckte Gegenstände zu beobachten und alle Sinne zu aktivieren.

- Was hörst du?
- Wie riecht es hier?
- Wie fühlt sich der Gegenstand an?

Nutze auch die Möglichkeit, um über die Erfahrungen deines Kindes zu sprechen und Gedanken und Vermutungen in Worte zu fassen. Wenn du dein Kind ermutigst, seine Erkenntnisse zu reflektieren, lernt es zu begründen und zu argumentieren. Mit den nachstehenden Fragen vergrößerst du seinen Wortschatz, regst dein Kind an, in der Vergangenheitsform zu sprechen und den Konjunktiv zu benutzen:

- Was interessiert dich besonders? Warum?
- Woran erinnert dich der Geruch/der Geschmack/die Farbe?
- Hast du schon einmal so ein Blatt gesehen? Wo/Wann?
- Denkst du, das Blatt ist rau oder glatt? Wie könnten wir das herausfinden? Was würde uns dabei helfen? Was wäre der erste Schritt? Welche Vermutung war richtig?

Wolkengucken – Gemeinschaftsübung

Als Kind hast du bestimmt gern in den Himmel geschaut und die Wolken betrachtet. Wann hast du das zuletzt mit deinem Kind zusammen gemacht? Legt euch das nächste Mal, wenn richtig tolle Schäfchenwolken vorbeiziehen, ins Gras und blickt gemeinsam in den Himmel. Sucht Wolken, die verschiedenen Dingen oder Wesen ähnlich sehen, und unterhaltet euch darüber.

EINE FRAGE DER GESCHICKLICHKEIT: DIE FEINMOTORIK

Als Feinmotorik bezeichnet man die feinen, gezielten und koordinierten handmotorischen Bewegungen der kleinen Muskeln im Handgelenk, in der Hand und in den Fingern. Die Koordination von Händen und Fingern spielt eine wichtige Rolle für die Entwicklung. Je besser die Hände und die Finger koordiniert werden können, desto geschickter ist das Kind in seiner gesamten Motorik.

Das Erkunden und die Handhabung unterschiedlicher Utensilien mit den Händen und Fingern regt das Gehirn an. So werden beispielsweise beim Fädeln, Stapeln, Schütten, Malen und Schneiden nicht nur unterschiedliche Materialien und Farben erkundet, sondern dabei wird auch die Auge-Hand-Koordination geschult. Diese ist wiederum wichtig für das Schreibenlernen sowie für diverse Alltagsaufgaben, wie das Öffnen und Schließen von Gefäßen etc.

Mit den nachfolgenden Spielen förderst du die feinmotorische Geschicklichkeit deines Kindes und stimulierst die Entwicklung seines Gehirns.

WASSERSTATION

ab 1 Spieler
10 Min. aufwärts

Wasser fasziniert Kinder ungemein. Bereits Kleinkinder wollen sich selbst Wasser aus einer Kanne eingießen oder mit Lappen und Wassereimer beim Putzen helfen. Dabei kann es passieren, dass die Zwerge etwas verschütten. Das ist ganz natürlich und darf vorkommen. Um das Einschenken stetig zu verbessern, brauchen die Kinder zahlreiche Übungsmöglichkeiten, denn sie müssen die Bewegungen und Abläufe viele Male wiederholen. Eine Wasserstation bietet ihnen die Möglichkeit, diese in einem freien, ungezwungenen Rahmen zu üben.

Ihr braucht:

- Einen wasserdichten Untergrund wie einen Fliesenboden oder eine Wachstischdecke
- Einen Krug Wasser
- Ein Tablett
- Verschiedene Gefäße wie Gläser, Vasen, Töpfe, Messbecher ...
- Verschiedene Utensilien wie Löffel, Pipetten, Trichter, Schöpfkelle, Schwämme ...

So geht´s:
Stelle einen Krug Wasser sowie die unterschiedlichen Gefäße und Utensilien auf einem Tablett bereit. Arrangiere alles auf einer wasserfesten Tischdecke oder verlege das Spiel in einen Raum mit Fliesenboden. Ihr könnt auch direkt im Bad spielen, beispielsweise in der Bade- oder Duschwanne.

Nun kann dein Kind in aller Ruhe und so lange es möchte mit den angebotenen Dingen experimentieren, verschiedene Abläufe immer wieder üben und darin Sicherheit erwerben. Zugleich wird die Selbstwirksamkeit des Kindes gefördert.

TIPP

Je kleiner das Kind ist, umso weniger Gegenstände braucht es im Spiel. Für Kleinkinder reicht beispielsweise ein kleines Tablett mit einem kleinen Krug und zwei unterschiedlichen Bechern vollkommen aus.

Variante:
Um das Spiel bunter zu gestalten, könnt ihr das Wasser mit Lebensmittelfarbe einfärben. Außerdem könnt ihr eure Wasserstation mit diversen Naturmaterialien wie Blättern, Steinen oder Blüten aufpeppen.

EXPERTENTIPP

Selbstwirksamkeit ist eine Schlüsselkompetenz für das gesamte Leben. Unter Selbstwirksamkeit wird die Überzeugung einer Person verstanden, Herausforderungen mit den eigenen Fähigkeiten erfolgreich bewältigen zu können. Wer an sich glaubt, der geht auch an schwierige Situationen beherzt heran. Gelingt es dann, sie erfolgreich zu bewältigen, stärkt das wiederum das Gefühl der Selbstwirksamkeit. All dies ist ein fortwährender Prozess, den du unterstützen kannst.

Gestatte beispielsweise deinem Kind, dir bei der Hausarbeit zu helfen und sich verantwortlich zu fühlen, denn Kinder wollen meist genau dasselbe tun wie wir. Auch wenn der Tisch nach dem Abwischen vielleicht noch nicht richtig sauber ist, kann dein Kind während des Prozesses viel lernen: wie man den Lappen nass macht, damit wischt, ihn ausspült, prüft, ob der Tisch sauber ist, ihn abtrocknet etc. Schenke deinem Kind Vertrauen und lass Fehler zu.

Der Umgang mit der Schere
Schneiden ist eine zentrale Fähigkeit. In der Regel sind Kinder mit etwa 2 Jahren dazu in der Lage, den Umgang mit einer Kinderschere zu erforschen. Mit etwa 3 Jahren kann dein Kind wahrscheinlich selbstständig mit der Schere arbeiten und erste Linien und Formen schneiden. Gib ihm Zeit und biete ihm immer wieder die Möglichkeit, die Funktion der Schere zu entdecken und seine Geschicklichkeit damit auszubauen. Lass dein Kind auch ohne Vorlage schneiden. Das Schneideerlebnis ist dabei nicht nur auf Papier begrenzt. Dein Kind kann auch Karton, Servietten, Folien, Knete oder alte Stoffreste schneiden.

BLUMENBILDER BASTELN

ab 2 Spielern
10 Min. aufwärts

Schneiden bedarf sehr viel Übung. Lustige Schneidespiele und kreative Bastelideen sind daher gefragt. Bei der folgenden Bastelidee zaubert ihr wunderschöne bunte Blumen und bekommt ganz viel Gelegenheit, den Umgang mit der Schere zu üben.

Ihr braucht:
- Buntes Tonpapier
- Schere
- Bleistift
- Vier oder fünf Gefäße mit unterschiedlichem Durchmesser

So geht´s:
Die Gefäße mit unterschiedlichem Durchmesser dienen als Schablonen: Verwendet z. B. ein Schnapsglas, ein kleines Trinkglas, ein breiteres Trinkglas, eine schmale Schüssel sowie eine breitere Schüssel.

Für jede Blume braucht ihr drei bis vier unterschiedlich große Papierkreise in verschiedenen Farben. Nehmt also drei oder vier Gefäße unterschiedlichen Umfangs, stellt sie umgekehrt auf buntes Papier, zieht den Rand mit dem Bleistift nach und schneidet die Kreise aus. Klebt sie dann der Größe nach aufeinander – schon habt ihr eine wunderschöne bunte Blüte. Schneidet einen langen rechteckigen Stängel aus und klebt ihn unten an die Blüte. Wer möchte, kann zusätzlich Blätter ausschneiden und aufkleben. Anschließend klebt ihr eure Blumen auf weißes Zeichenpapier. Lasst so eine ganze Blumenwiese entstehen.

Variante–Fensterbilder
Bastelt ganz viele dieser Blumen aus Transparentpapier und hängt sie ans Fenster. Die Blumenwiese am Fenster ist eine wunderschöne Deko!

EXPERTENTIPP

Soll ich mein Kind loben?
Kinder haben ein angeborenes Bedürfnis nach Anerkennung. Dein Kind sollte jedoch nicht den Eindruck haben, dass deine Liebe von seinen Erfolgen abhängt. Es ist wichtig, dass es eine eigene Motivation entwickelt, Dinge zu tun, und selbst stolz auf sich ist. Ermutige dein Kind also zum Weitermachen, indem du seine Fähigkeiten wertschätzt. Würdige seine Anstrengung, nicht nur das fertige Ergebnis. Statt eines „super" oder „toll gemacht" kannst du beispielsweise den Prozess beschreiben: „Du hast bei den Blumen ja an jedes Detail gedacht. Die bunten Blüten schimmern so schön. Wie hast du sie gemacht?" Frage dein Kind auch nach seinen Gefühlen, denn es ist wichtig, dass es mit sich selbst zufrieden ist: „Was gefällt dir an deinem Bild besonders gut?"

FERNGESTEUERTE AUTOS MAL ANDERS

ab 2 Spielern
30 Min. aufwärts

Bei diesem Spiel schubst ihr eure Spielzeugautos nicht mit den Fingern, sondern mit Eisstielen oder Löffeln an. Hierbei ist viel Geschick gefragt.

Ihr braucht:
- Einen großen Bogen Papier
- Stifte
- Kleine Spielzeugautos
- Eisstiele oder kleine Löffel

Vorbereitung:
Bevor es losgeht, dürft ihr eine Fahrbahn malen. Nehmt einen großen Bogen Papier und zeichnet eine Strecke für euer Autorennen auf. Ihr könnt die Fahrbahn mit Bäumen, Verkehrsschildern etc. verzieren.

So geht´s:
Nun stellt jeder Mitspieler ein Auto an den Start. Nach dem Startkommando schubst ihr eure Autos so schnell wie möglich mit den Eisstielen oder Löffeln über die Fahrbahn ins Ziel. Sieger ist, wem dies als Erstes gelingt.

WÄSCHEKLAMMERN-SPIEL

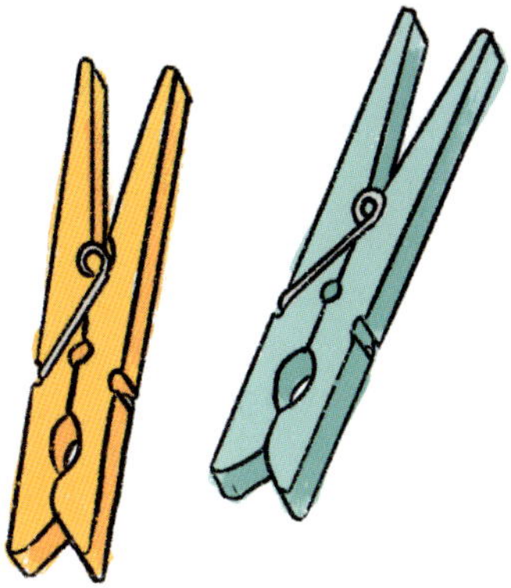

ab 2 Spielern
10 Min. aufwärts

Bei diesem Spiel wird sowohl die Feinmotorik als auch die Fähigkeit, Muster zu erkennen und fortzusetzen, trainiert. Dies ist eine sehr wichtige mathematische Vorläuferfähigkeit. In einem späteren Kapitel gehen wir noch ausführlicher darauf ein.

Ihr braucht:

- Eine Schnur oder Wäscheleine
- Bunte Wäscheklammern

So geht´s:
Der Erwachsene gibt ein Muster vor und klemmt beispielsweise eine rote, dann eine gelbe und zwei grüne Wäscheklammern an die Wäscheleine. Das Kind versucht nun, das Muster zu erkennen und setzt die Reihe mit den farblich richtigen Klammern fort. Das Muster wird einige Male fortgesetzt.

Variante:
Statt einer Wäscheleine könnt ihr eine größere Box oder eine Pappschachtel nehmen und die Klammern auf ihren Rand stecken. Die Vorgehensweise ist dieselbe, die feinmotorische Bewegung aber eine andere.

NUDELKETTE FÄDELN

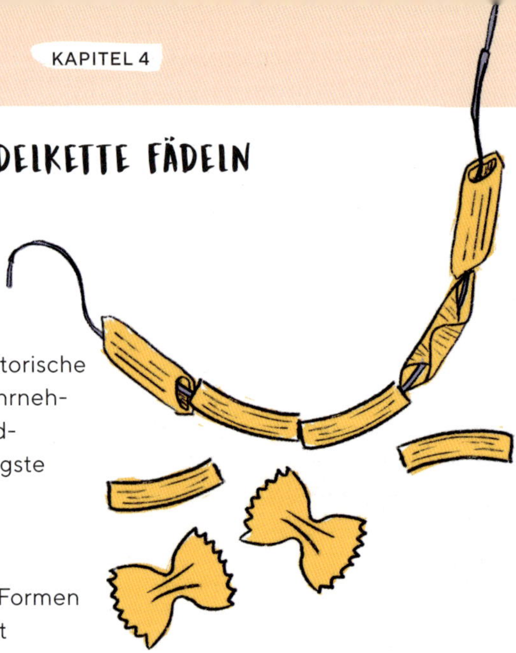

ab 1 Spieler
40 Min. aufwärts

Diese Übung fördert die feinmotorische Geschicklichkeit, die taktile Wahrnehmung und eine gute Auge-Hand-Koordination. Wer fädelt die längste Nudelkette?

Ihr braucht:

- Ungekochte Nudeln in allen Formen in einer Box (einige davon mit Löchern, z. B. Penne)
- Fädelschnüre, Bänder

So geht´s:
Zuerst wird die Box mit Nudeln genau erforscht. Wie fühlt es sich an, in der Nudelkiste zu wühlen? Welche Formen und Farben haben die einzelnen Nudeln?

Sucht euch dann Nudeln mit Löchern heraus, fädelt sie auf und verknotet die Enden der Schnur. Schon sind hübsche Nudelketten entstanden.

Basteltipp – bunte Nudelketten
Ihr könnt die einzelnen Nudeln vor dem Auffädeln auch mit Permanentmarkern bemalen. So werden die Ketten schön bunt und abwechslungsreich.

TIPP

Die Box mit den Nudeln könnt ihr genauso wie die Reiswanne (siehe S. 66) für ein freies sensorisches Spiel mit Schüttwerkzeugen verwenden.

FEINMOTORIK MIT DUPLOSTEINEN FÖRDERN

Duplosteine findet man wohl in jedem Kinderzimmer. Die kleinen Zylinder oben auf den Steinen eignen sich super für verschiedene feinmotorische Übungen, wie du bereits in einem der vorherigen Kapitel erfahren hast. Es folgen noch weitere abwechslungsreiche Ideen mit Duplosteinen.

IN KOMBINATION MIT MURMELN

ab 1 Spieler
10 Min. aufwärts

Ihr braucht:
- Murmeln
- Duplosteine oder -platten

So geht´s:
Jeder Spieler erhält einen Duplostein. Nun setzt er auf jede Erhebung eine Murmel. Dann nehmen die Spieler ihren Duplostein vorsichtig in die Hand und tragen ihn durch den Raum, ohne dass die Murmeln herunterfallen.

SPIELVARIANTE MIT TISCHTENNISBÄLLEN

ab 1 Spieler
10 Min. aufwärts

Ihr braucht:
- Einen Tischtennisball
- Duplosteine

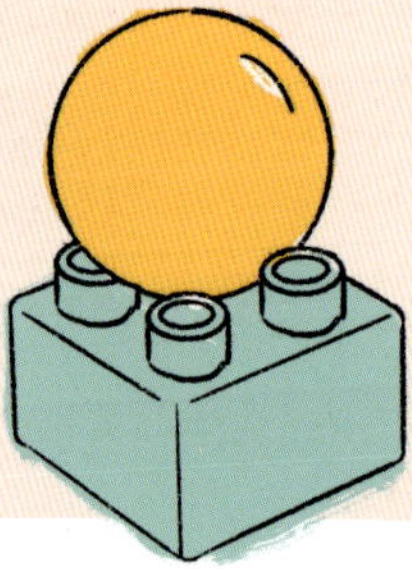

So geht´s:
Jeder Spieler erhält einen Duplostein und einen Tischtennisball. Diesen legt er auf eine Erhebung des Duplosteins. Mit etwas Geschick lässt sich der Ball auf dem Duplostein balancieren.

Die Spieler wandern nun mit ihren Steinen durch den Raum. Wer seinen Tischtennisball am längsten auf dem Duplostein balancieren kann, gewinnt das Spiel.

SPIELVARIANTE MIT PIPETTEN

ab 1 Spieler
10 Min. aufwärts

Ihr braucht:
- Pipetten
- Ein Glas voll Wasser
- Duplosteine

So geht´s:
Die Spieler nehmen mit der Pipette Wasser auf und tröpfeln es vorsichtig in die Erhebungen der Duplosteine. Es sollte möglichst kein Wassertropfen danebenfallen.

KUNST MIT MUSTERN

ab 2 Spielern
15 Min. aufwärts

Feinmotorik trainieren und nebenbei kreative Kunstwerke erstellen – das klappt mit der folgenden Idee:

Ihr braucht:
- Weißes Zeichenpapier in DIN A3
- Stifte aller Art

TIPP

Biete unterschiedliche Stifte an, um die Feinmotorik optimal zu fördern. Wachsmalkreide hat beispielsweise eine andere Beschaffenheit und erfordert eine ganz andere Handhabung als Filz- oder Buntstifte.

So geht´s:
Der Erwachsene malt mit verschiedenen Farben vier bis sechs Punkte auf das Blatt Papier. Das Kind hat nun die Aufgabe, das Bild weiterzumalen. Es malt um jeden Punkt immer größer werdende Kreise in der Farbe des jeweiligen Punktes. So entsteht ein buntes Kunstwerk voller Kreise.

Variante:
Statt der Punkte könnt ihr kleine Dreiecke, Quadrate oder Rechtecke malen. So entstehen immer neue geometrische Kunstwerke und gleichzeitig können die Namen der unterschiedlichen Formen eingeübt werden.

Kleinkinder benötigen Übung, um die Muskeln ihrer Hände und Finger zu kräftigen und ihre Bewegungen so gut zu koordinieren, dass sie Stifte und Pinsel gezielt benutzen können. Der Weg ist das Ziel! Dein Kind hat die größte Freude am Prozess, das Ergebnis ist noch zweitrangig. Wertschätze dennoch seine Kunstwerke, indem du sie z. B. zu Hause aufhängst und ihr darüber sprecht.

KUNTERBUNTE SPAGHETTI-BÄUME

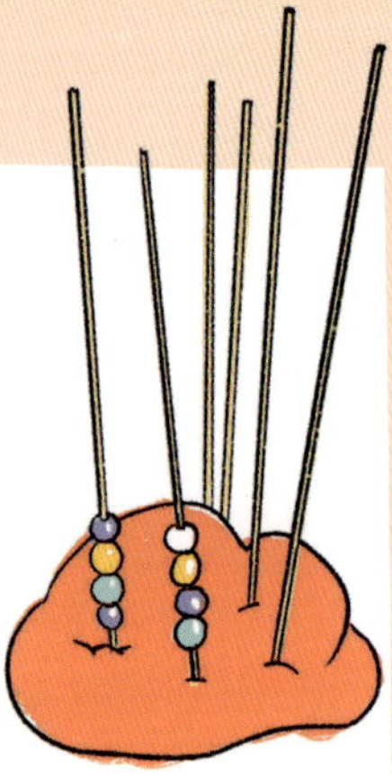

ab 1 Spieler
10 Min. aufwärts

Spaghetti liebt wohl jedes Kind! Dass man damit auch basteln kann, zeigt diese lustige Steckübung.

Ihr braucht:

- Einige ungekochte Spaghetti
- Knete
- Perlen

So geht´s:
Jeder Mitspieler formt einen kinderhandgroßen Ball aus Knete und drückt ihn vor sich auf den Tisch. Nun werden ein paar ungekochte Spaghetti senkrecht hineingesteckt. Schon habt ihr einen Baum gebaut, der aber noch ziemlich langweilig aussieht. Um ihn bunt zu gestalten, steckt ihr von oben viele bunte Perlen auf die Nudeln.

TIPP

Dein Kind kann einen ganzen Wald aus Spaghettibäumen bauen und im freien Spiel mit Spielzeugtieren nutzen.

EXPERTENTIPP

Es gibt viele gute Gründe, die künstlerische Experimentierfreude unserer Kindes zu unterstützen. Malen, Basteln, Gestalten etc. fördert nicht nur ihre motorische Entwicklung, sondern auch die Fähigkeit, zu planen und Probleme zu lösen. Dein Kind bekommt zudem ein Gespür für die Vielschichtigkeit und die kulturelle Vielfalt unserer Welt, entdeckt seine Kreativität und lernt, seine Persönlichkeit zum Ausdruck zu bringen. Förderst du die künstlerische Seite deines Kindes, kann sich das ein Leben lang auszahlen.

ZUNGE RAUS UND LIPPEN SPITZEN: DIE MUNDMOTORIK

Unter Mundmotorik versteht man die Bewegungen und die Koordination aller Muskeln des Mund- und Rachenraumes. Und es gehört noch mehr dazu: Beim Kauen, Schlucken und Sprechen müssen die Atmung und die Mundmotorik miteinander koordiniert werden. Zudem ist ein bestimmtes Maß an Muskelspannung und Beweglichkeit in der Zunge, den Lippen, dem Gaumensegel und den Wangen für die Kiefer- und Zahnentwicklung, die Nahrungsaufnahme, die Nasenatmung und die Entwicklung einer deutlichen Aussprache sehr wichtig.

Mit den nachfolgenden Zungen-, Lippen-, Puste- und Ansaugübungen kannst du die Mundmotorik deines Kindes spielerisch fördern.

ÜBUNGEN FÜR DIE ZUNGE

DIE ZUNGE ALS BALANCIERMEISTERIN

ab 2 Spielern
5 Min. aufwärts

Bei dieser lustigen Zungenübung werden die räumliche Wahrnehmung und die auditive Konzentration trainiert. Ihr übt Präpositionen und motiviert eure kleinen Mitspieler mit gesunden Naschereien.

Ihr braucht:

- Rosinen, Haferflocken, kleine Schokodrops o. Ä.

So geht´s:
Die Mitspieler strecken die Zunge raus. Jedes Kind legt sich z. B. eine Rosine vorn auf die Zungenspitze. Der Erwachsene gibt nun Anweisungen, in welche Richtung sich die Zunge bewegen soll (nach oben, unten, links, rechts, im Kreis ...). Ziel ist, dass die Rosine nicht herunterfällt. Nach einer gewissen Zeit darf die kleine Nascherei natürlich verspeist werden.

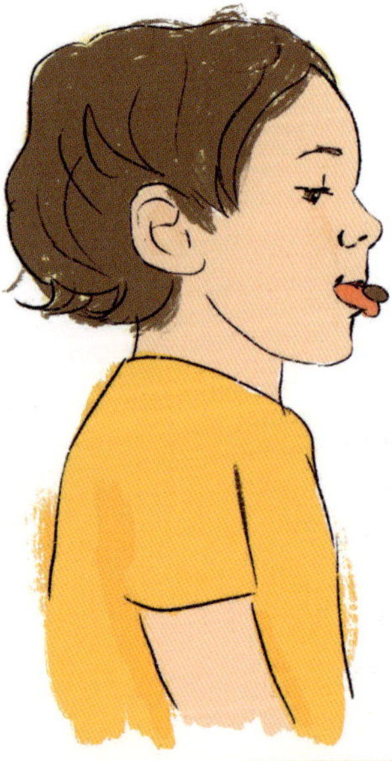

KÄTZCHENSPIEL

ab 2 Spielern
5 Min. aufwärts

Das Kätzchenspiel ist wieder ein motivierendes Rollenspiel. Es fördert nicht nur die Fantasie, sondern trainiert auch die Zungenfertigkeit und Motorik sowie den Geschmackssinn und die Mundraumwahrnehmung.

Ihr braucht:

- Eine Schale voll Milch/Wasser

So geht´s:
Alle Kinder verwandeln sich in kleine Katzen. Sie krabbeln, hüpfen und rollen wie Katzenbabys auf dem Boden herum. Nach einiger Zeit des Tobens werden die kleinen Fellknäuel durstig. Sie krabbeln dann zur Schale mit Milch oder Wasser und schlecken die Flüssigkeit lediglich mithilfe der Zunge auf. Dabei darf laut geschmatzt werden. Denn dies ist ein wunderbares Training für Zunge und Lippen!

LECKERES AUFRÄUMSPIEL

ab 1 Spieler
5 Min. aufwärts

Bei diesem Aufräumspiel helfen die Kinder bestimmt gern mit.

Ihr braucht:
- Cornflakes, Schokostreusel o. Ä.

TIPP

Biete für dieses Spiel unterschiedliche Nahrungsmittel an, um die Sinne vielseitig zu fördern.

So geht´s:
Verteile einige Cornflakes auf dem sauberen Esstisch. Dein Kind hat nun die Aufgabe, die Flakes nur mithilfe der Zunge einzeln aufzusammeln und zu essen.

Wichtig: Nimm dir bei diesen Übungen Zeit und führe sie mit deinem Kind so langsam wie möglich aus. Dein Kind kann sich bei manchen Übungen auch in einem Spiegel beobachten. So kann es besser wahrnehmen, was bei der Ausführung der jeweiligen Übung in seinem Körper und speziell rund um seinen Mund passiert.

ÜBUNGEN FÜR LIPPEN UND WANGEN

KUSSMUND-KÜNSTLER

ab 1 Spieler
10 Min. aufwärts

Bei diesen kreativen Bildern darf Lippenstift verwendet werden, bestimmt ein Highlight für alle Kinder!

Ihr braucht:
- Lippenstift
- Papier

So geht´s:
Die Mitspieler malen sich die Lippen mit Lippenstift an. Je greller die Farben, umso toller werden die Bilder. Nun schmatzen sie viele Kussmünder auf ein Blatt Papier. Werden die Abdrücke blasser, tragt ihr neuen Lippenstift auf und wiederholt die Übung, bis ihr mit eurem Bild zufrieden seid.

Variante:
Gestaltet eines eurer Kussmundbilder noch kreativer. Nehmt einen Stift und malt Nasen, Augen und Haare rund um die Lippenabdrücke. So entstehen viele lustige Gesichter.

VERRÜCKTES TIERSPIEL

ab 2 Spielern
5 Min. aufwärts

Diese Tierimitationen stärken die gesamte Mundmuskulatur, vor allem die Wangen. Nebenbei werden auch die gesamte Motorik und die auditive Wahrnehmung trainiert.

Ihr braucht:

- 9 Blatt Papier und 1 Bleistift

Vorbereitung:
Im verrückten Tierspiel geht es um einen Fisch, eine Katze und ein Pferd: Die Spieler nehmen neun Blatt Papier und malen auf drei Blätter je einen Fisch, auf die nächsten drei jeweils eine Katze und auf die letzten drei je ein Pferd. Die Blätter werden mit dem Bild nach unten im Raum verteilt.

So geht´s:
Ein Spielleiter stellt Musik an und die Spieler bewegen sich dazu durch den Raum. Wenn die Musik stoppt, sucht sich jeder Spieler ein Blatt Papier, dreht es um und macht dazu die passenden Mundbewegungen:

- Fisch: Wangen einsaugen, Lippen spitzen und abwechselnd aufmachen und schließen
- Katze: sehr laut und übertrieben schmatzen
- Pferd: Lippen laut vibrieren lassen und den Laut „brrrrrr" bilden

Setzt die Musik wieder ein, werden die Blätter umgedreht. Die Kinder wandern weiter, bis die Musik erneut stoppt und das nächste Blatt umgedreht wird.

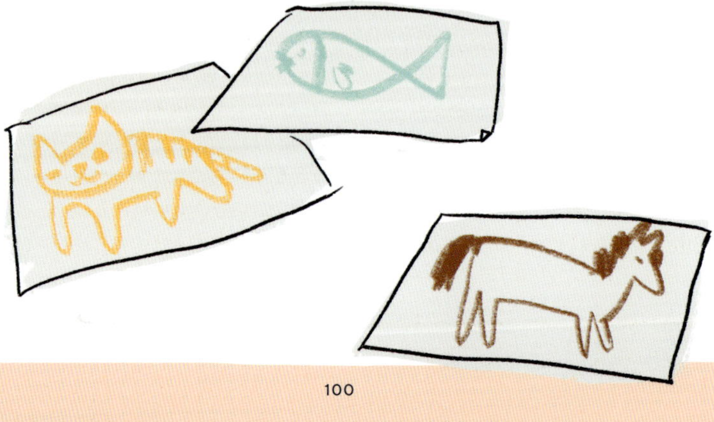

TÜCHTIGE LIPPENAKROBATEN

ab 1 Spieler
5 Min. aufwärts

Akrobatik mit den Lippen macht riesig Spaß. Probiert es aus!

Ihr braucht:
- Salzstangen oder Stifte

So geht´s:
Die Spieler klemmen sich eine Salzstange zwischen die Lippen und bewegen sich damit durch den Raum. Dann versuchen sie, die Salzstange ohne Zutun der Hände, nur mithilfe der Lippen und des Mundes, zu essen.

Wer sich einen Stift zwischen die Lippen geklemmt hat, bemüht sich, ein Gedicht oder einen Spruch aufzusagen oder etwas nachzusprechen. Ältere Kinder können mit dem Stift zwischen den Lippen etwas vorlesen.

EXPERTENTIPP

Hilfe, mein Kind ist frustriert und wütend, wenn etwas nicht gleich funktioniert!

Kinder brauchen Zeit um herauszufinden, dass Dinge schwierig sein können. Wenn du jedes Problem aus dem Weg räumst, beispielsweise um einen Wutausbruch zu vermeiden, ist das nicht zielführend. Dein Kind lernt so früher oder später nur, dass ihm nichts zugetraut wird.

Schenke deinem Kind stattdessen Freiraum und sporne es zum Üben an, damit es Beharrlichkeit entwickeln kann. Ermutige dein Kind, bringe es auf neue Ideen oder mache Vorschläge, wie es ein Problem lösen könnte, ohne direkt einzugreifen. Erkläre deinem Kind, dass jeder einmal Fehler macht und dies oft der beste Weg ist, um etwas zu lernen. Erinnere es an Dinge, die es schon erreicht hat, und erkläre ihm, dass es mit etwas Übung bald leichter klappen wird. Lobe den Prozess, z. B. mit: „Ich sehe, dass du dir viel Mühe gibst."

PUSTE- UND ANSAUGÜBUNGEN

PUSTEKÖPFE GESTALTEN

ab 1 Spieler
5 Min. aufwärts

Bei dieser kreativen Pusteübung entstehen lustige Gemälde. Die Kreativität und die Ausdauer werden ebenso gefördert wie die Feinmotorik.

Ihr braucht:

- Weißes Papier in DIN A3
- Stifte
- Wasserfarben und Pinsel
- Einen Becher Wasser
- Strohhalme

So geht´s:
Nehmt das Blatt im Hochformat und malt ein großes U auf die Mitte. Dies ist die Gesichtsform. Malt einen Mund, Nase und Augen hinein. Am oberen Rand bleibt das Papier leer und der Kopf bleibt offen, denn dort entstehen später mithilfe der kreativen Pustetechnik die Haare.

Taucht den Pinsel in Wasser und rührt eine Farbe eurer Wahl an. Sie darf schön flüssig sein. Tupft nun vorsichtig mit eurem Pinsel einen kleinen Farbklecks auf das Blatt, wo das U offen ist. Nehmt anschließend den Strohhalm, haltet ihn an den Farbklecks und blast kräftig hinein. Der Luftstrom verteilt die flüssige Farbe und es entstehen kunterbunte Linien und Kleckse – die Haarsträhnen. Wiederholt den Vorgang so lange, bis ihr mit der Frisur eures Männchens zufrieden seid.

PAPIERTRANSPORT MAL ANDERS

ab 1 Spieler
10 Min. aufwärts

So wie hier beschrieben, habt ihr Papierschnipsel bestimmt noch nie aufgeräumt. Seid gespannt, wer sich am geschicktesten mit dem Strohhalm anstellt.

Ihr braucht:

- Altpapier
- Strohhalme
- Eine Schüssel

So geht´s:
Die Mitspieler reißen das Altpapier in etwa 1 cm x 1 cm große Schnipsel. Etwa 20 Stücke werden auf einem Tisch verteilt. Stellt eine kleine Schüssel bereit. Ziel des Spiels ist es, die Papierstücke so schnell wie möglich in die Schüssel zu transportieren – mithilfe eines Strohhalms. Jeder Spieler nimmt einen Strohhalm in den Mund und hält ihn dicht über einen Schnipsel. Nun saugt er die Luft kräftig ein, bis der Schnipsel unten am Strohhalm hängt. Dann transportiert er ihn zur Schüssel und lässt ihn hineinfallen. Der Vorgang wird wiederholt, bis alle Schnipsel in der Schüssel gelandet sind.

TIPP

Die Spieler dürfen den Strohhalm mit der Hand steuern oder es ohne Hände ausprobieren. Dann ist die Übung schwieriger.

Variante:
Veranstaltet ein lustiges Wettspiel! Jeder Mitspieler bekommt 20 Schnipsel einer Farbe. Der Spieler, dessen Schnipsel als Erste in der Schüssel sind, gewinnt.

EIN WATTEBAUSCH AUF REISEN

ab 1 Spieler
30 Min. aufwärts

Es macht riesig Spaß, Wattebälle durch kunterbunte Tore zu pusten. Aber aufgepasst – die Wattebälle fliegen nicht immer dorthin, wo man sie gern hätte. Der Luftstrom muss präzise gerichtet sein. Mit etwas Übung habt ihr den Dreh aber bald raus!

Ihr braucht:

- Buntes Papier in DIN A4
- Klebeband
- Watte

Vorbereitung:
Baut zunächst eure Tore: Schneidet dafür das bunte Papier quer in verschieden breite Streifen – 2 cm bis 5 cm Breite sind am besten. Biegt die Streifen zu Torbogen (einem verkehrten U), klappt die Enden um und befestigt sie mit Klebestreifen auf dem Boden. Ihr könnt die Tore mit etwas Abstand nacheinander aufkleben oder sie durcheinander im ganzen Raum verteilen.

So geht`s:
Formt nun aus Watte einen kleinen Ball und legt ihn vor das erste Tor. Der Watteball darf ab jetzt nicht mehr berührt werden, ihr bewegt ihn lediglich durch Pusten. Pustet ihn so an, dass er nacheinander durch die einzelnen Tore fliegt. Klappt es?

TIPP

Die Tore können später als Tunnel oder Garagen für Spielzeugautos oder zum freien Spiel mit Spieltieren und Spielfiguren verwendet werden.

Mundmotorik im Alltag fördern – schnelle Ideen für zwischendurch

- Luft mit einem Strohhalm in ein mit Wasser gefülltes Glas blasen
- Aus einem dünnen Strohhalm trinken
- Papiertüte aufblasen
- Mit der Zunge schnalzen
- Eine Feder in die Luft pusten
- Gummibärchen/Salzstangen/Obst oder Gemüse ohne Hände, nur mithilfe der Lippen in den Mund befördern und essen
- Einen Spiegel anhauchen, bis das eigene Spiegelbild nicht mehr sichtbar ist
- Seifenblasen pusten
- Kerzen auspusten
- Vor dem Spiegel lustige Grimassen ziehen
- Mit der Zunge die Zähne „putzen“ (über die Innen- und Außenflächen der Zähne fahren)
- Kauen, kauen, kauen: biete deinem Kind auch harte Lebensmittel an. Das stärkt die Mundmuskulatur.

KAPITEL 5

DIE SCHÖNSTEN SPIELE ZUR SPRACHENTWICKLUNG

Sprechen lernen ist ein sehr komplexer Vorgang: Kinder müssen Wortschatz aufbauen, Sprachlaute formen (Phonetik) und Laute richtig in Wörter einbauen lernen (Phonologie). Es kommt auf die richtige Betonung und Atmung an und darauf, Wörter in die richtige Reihenfolge zu bringen (Grammatik). In diesem Kapitel findest du vielseitige Spiele, die dies unterstützen. Viel Spaß!

DIE WELT DER WÖRTER: DER WORTSCHATZ

Welche Merkmale haben Fahrzeuge, Tiere oder Pflanzen? Was macht eine Blume zu einer Blume? Und was unterscheidet ein Gänseblümchen von einer Rose? Informationen nach speziellen Kategorien zu ordnen (Orange, Pflaume, Apfel = Obst) und Dinge derselben Kategorie miteinander zu vergleichen (Welche Blume ist kleiner, größer, bunter, stacheliger?) ist essenziell, um Zusammenhänge zu verstehen, neue Begriffe zu lernen und sich präzise auszudrücken.

Beim Lernen neuer Wörter ist es hilfreich, wenn dein Kind die Begrifflichkeiten „erlebt". Benenne und erkläre deshalb die Dinge und Handlungen, die ihr gerade ausführt.

Zum Beispiel: Beim Anrühren von Plätzchenteig lernt dein Kind die Namen der benötigten Küchenutensilien kennen (Schneebesen, Mixer, Waage, Messbecher etc.) und erlebt hautnah, was man damit macht (eingießen, abmessen, mixen, rühren ...). Ihr könnt am Teig und den fertigen Plätzchen riechen, diese schmecken, fühlen (süß, lecker, klebrig, warm ...) etc. Bei dieser kleinen Handlung ergibt sich ein vielfältiger Wortschatz aus unterschiedlichen Wortklassen, wie beispielsweise Nomen, Verben, Adjektive, Präpositionen etc.

Führe dir immer wieder vor Augen, dass du tagtäglich dazu beiträgst, dass dein Kind seinen aktiven und passiven Wortschatz erweitert.

Mit den folgenden Spielen unterstützt du dein Kind beim Aufbau eines vielseitigen Wortschatzes.

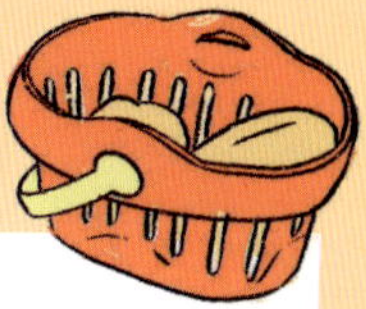

KAUFMANNSLADEN

ab 2 Spielern
20 Min. aufwärts

Wie schon mehrmals erwähnt, lieben Kinder Rollenspiele. Dieses Einkaufsspiel kann euch stundenlang beschäftigen und je nach den Dingen in eurem Kaufmannsladen trainiert ihr unterschiedliche Wörter und Wortgruppen (z. B. Nahrungsmittel, Werkzeug ...).

Ihr braucht:

- Ein Bügelbrett
- Verschiedene Alltagsgegenstände

Vorbereitung:
Viele Kinder haben einen Kaufmannsladen. Falls nicht, nutzt einfach ein Bügelbrett mit Tischdecke als Verkaufstisch. Stellt eure Waren übersichtlich darauf. Überlege im Vorfeld, welche Wortgruppen oder Wörter du festigen möchtest, und stellt entsprechende Dinge für euren Verkaufsladen zusammen.

Um das Spiel realistischer zu gestalten, könnt ihr Spielgeld aus Papier basteln und beim Rollenspiel verwenden.

So geht´s:
Ein Mitspieler spielt den Verkäufer, die anderen sind die Kunden, die nun reihum verschiedene Dinge einkaufen.

Als Verkäufer kannst du den Sprachgebrauch deines Kindes fördern, indem du immer wieder nachfragst und die Sätze deines Kindes wiederholst: „Du möchtest eine Banane kaufen. Magst du lieber diese kleine hier oder die große krumme?“ Das Kind wird die Adjektive und Phrasen übernehmen und mit etwas Übung als Verkäufer ebenfalls Fragen stellen. Lasst euch vielseitige Szenarien einfallen und spielt unterschiedliche Kunden.

TIPP

Achte auf die korrekte Bezeichnung der Dinge und die Bildung geeigneter Phrasen. Verwendet höfliche Grußformeln sowie „bitte“ und „danke“.

BLITZSPIEL: WER FINDET DAS FALSCHE WORT?

ab 2 Spielern
5 Min. aufwärts

Ein schnelles Spiel für zwischendurch, bei dem das Erfassen von Kategorien trainiert wird.

So geht`s:
Nenne vier Wörter. Drei davon gehören einer Kategorie an, eines passt nicht dazu. Zum Beispiel: 1. Erdbeere, 2. Banane, 3. Messer, 4. Apfel. Drei der vier Begriffe gehören zur Kategorie „Obst", das Messer passt in diesem Fall nicht dazu. Die Kinder versuchen, das falsche Wort zu erkennen und zeigen dann die Zahl des falschen Wortes mit ihren Fingern. In unserem Beispiel heben sie drei Finger.

TIPP

Frage die Kinder nach jeder Runde, um welche Kategorie es sich gehandelt hat. Die Kinder können auch weitere Wörter für die jeweiligen Kategorien sammeln.

PRÄPOSITIONSSPIEL

ab 2 Spielern
10 Min. aufwärts

Bei diesem Bewegungsspiel sind genaues Zuhören und eine rasche Auffassungsgabe gefragt. Neben dem Wortschatz werden hier Präpositionen sowie Satzstrukturen geübt und gleichzeitig die eigene Körperwahrnehmung sowie die Raum-Lage-Orientierung trainiert.

So geht´s:
Der Spielleiter erteilt den Kindern Aufträge und verwendet dabei

Präpositionen (unter, über, neben, in, auf, vor, hinter …). Zum Beispiel: „Lege den grünen Apfel unter den Sessel!" Das Kind holt das passende Obststück aus dem Obstkorb und legt es unter den Sessel. Es kann seine Handlung sprachlich begleiten: „Ich lege den grünen Apfel unter den Sessel."

TIPP

Je nach Raum, in dem ihr spielt, lernt das Kind unterschiedliche Kategorien und Wortfelder. Spielt daher beispielsweise mal in der Küche, mal im Gartenschuppen und mal in der Werkstatt.

Variante:
Der Mitspieler kann auch als Müllauto unterwegs sein: „Hole bitte den Müll hinter dem Vorhang ab." (Steigerung: „ … UND lade ihn unter dem Tisch ab.") So sichert ihr das Verständnis der Präpositionen. Tauscht ihr die Rollen und dein Kind gibt Anweisungen, trainiert es die Präpositionen und den Satzbau im aktiven Sprechen.

Schwierigere Variante:
Verwende bei den Aufträgen zusätzlich Adjektive und lass die Mitspieler die Sätze korrekt wiederholen. Je älter die Kinder sind, umso länger und komplexer können die Sätze werden:

- Lege den alten grauen Schraubendreher mit dem roten Griff in die blaue Box mit den Schrauben.
- Lege die größte Schöpfkelle in den Kühlschrank neben die runden Tomaten.
- Hänge die Gartenschere mit den orangen Griffen rechts neben den grünen Spaten.
- Verstecke drei verschiedenfarbige Schwämme im kleinen schwarzen Eimer im Gartenschuppen.

Das Kind hört den Satz, holt die jeweiligen Dinge und bringt sie an die neue Stelle. Dabei versprachlicht es seine Handlung. Danach tauscht ihr die Rollen, damit dein Kind nun den sprechenden Part übernimmt.

KUDDELMUDDEL-SPIEL

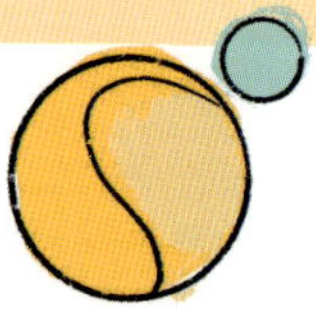

ab 2 Spielern
15 Min. aufwärts

Bei diesem Spiel wird ein buntes Kuddelmuddel an Gegenständen geordnet. Beim Ordnen werden sowohl die Begriffe für die Gegenstände geübt als auch die Fähigkeit, Dinge nach Kategorien zu ordnen.

Ihr braucht:

- Je fünf Gegenstände aus 3–4 Kategorien (z. B. Spielzeugtiere, Küchenutensilien, Kleidungsstücke, Schreibmaterialien, Werkzeuge ...)

Varianten:
Ihr könnt auch nach Adjektiven und Verben kategorisieren. Beispiele wären:

- Tiere, die fliegen/schwimmen/ rennen können
- kurze/lange/blaue/gelbe Hosen oder Pullover
- alles was rund/eckig oder groß/klein ist etc.

So geht´s:
Ihr habt etwa 15–20 Gegenstände gesammelt. Legt diese nun durcheinander auf den Boden. Die Spieler schauen sich die Dinge an, versuchen, Kategorien zu erkennen und sprechen beim Ordnen der Gegenstände mit, z.B.: „Der Hammer ist ein Werkzeug, darum lege ich ihn hier zum Schraubendreher. Der Kochlöffel gehört zu den Küchenutensilien und kommt daher zum Löffel und zum Messbecher" etc.

Hilfe, mein Kind will immer wieder dasselbe spielen! Wiederholung ist ein wichtiges Lernprinzip. Je häufiger wir Erfahrungen mit einem Gegenstand oder einer Situation sammeln, desto stärker und komplexer sind unsere neuronalen Verbindungen im Gehirn und desto besser lernen wir. Was Kinder häufig erleben, speichern sie leichter und ein Leben lang ab. Denke gelassen an diesen Vorteil, wenn dein Kind zum x-ten Mal dasselbe Spiel zückt.

ENDLOSSPIELE

ab 2 Spielern
5 Min. aufwärts

Endlosspiele wie „Ich packe in meinen Koffer …" hat wohl jeder von uns schon unzählige Male gespielt. Gut so, denn diese Spiele haben es in sich: Nicht nur der Wortschatz wird trainiert, sondern auch die Merkfähigkeit und die Konzentration. Wir haben uns einige Varianten des Spiels ausgedacht, vielleicht fallen euch ja noch mehr ein.

So geht´s:
Auf meiner Pizza liegt …
Ein Kind beginnt den Satz: „Auf meiner Pizza liegt Käse." Der nächste Spieler wiederholt den Satz und fügt eine Zutat hinzu: „Auf meiner Pizza liegen Käse und Tomaten." Der dritte Spieler ergänzt eine weitere Zutat. Dies wird so lange fortgesetzt, bis ein Spieler den Faden verliert. Dieser beginnt das Spiel wieder von vorn mit dem Satz: „Auf meiner Pizza liegt Käse."

TIPP

Es können auch ungewöhnliche Zutaten auf der Pizza landen. Wie wäre es etwa mit Schuhsohlen oder Schnürsenkeln? Da ist Spaß garantiert und diese Zutaten merken sich die Kinder bestimmt leicht!

Nachfolgende Spiele folgen demselben Prinzip wie oben, ihr verwendet und übt aber andere Wörter und Wortgruppen.

- „Wenn ich an Urlaub/Schule/Geburtstag denke, denke ich an …"
- „Ich gehe in den Zoo und schaue mir … an."
- „Ich bin eine Hexe/ein Zauberer und in meinem Zaubertrank landen …"

WIE-WÖRTER ERFÜHLEN

ab 2 Spielern
10 Min. aufwärts

Bei diesem Spiel konzentrieren wir uns auf die taktile Wahrnehmung und die Eigenschaften von verschiedenen Gegenständen.

Ihr braucht:

- Fühlbox
- Gegenstände mit prägnanten Eigenschaften (z. B. rund, eckig, kalt, warm, spitz, stumpf, rau, glatt …)

So geht´s:
Gebt eure ausgewählten Gegenstände in eure Fühlbox (siehe Basteltipp). Jeder Mitspieler darf nun in die Box greifen und einen Gegenstand blind ertasten. Dabei soll er genau beschreiben, wie sich das Ding anfühlt („Es fühlt sich kalt an, es ist spitz, es ist klein, es ist leicht. Es könnte ein … sein!“).
Der Gegenstand wird danach herausgezogen und die Antwort kann direkt kontrolliert werden. Danach ist der nächste Spieler an der Reihe.

Was ist eine Fühlbox?
Eine Fühlbox ist eine geschlossene Kiste/Schachtel mit zwei runden Öffnungen. In diese Öffnungen werden die Hände gesteckt, um Gegenstände in der Box zu ertasten. Der Spieler konzentriert sich ganz auf seinen Tastsinn.

Basteltipp: Fühlbox
Eine Fühlbox könnt ihr ganz einfach selbst machen. Schnappt euch einen großen Schuhkarton und schneidet in eine lange Seitenwand zwei runde, faustgroße Löcher hinein. Bemalt oder beklebt eure Fühlbox nach Lust und Laune und schon ist sie einsatzbereit.

Zum Befüllen eurer Fühlbox nehmt ihr den Deckel des Schuhkartons ab und legt eure Gegenstände hinein. Schließt den Karton wieder und das Fühlspiel kann losgehen.

TIPP

Keine Lust, eine Fühlbox zu basteln? Dann nehmt einfach einen großen Kissenbezug.

EXPERTENTIPP

Kennst du das? Du willst deinem Kind ein Wort oder einen Satz entlocken und sagst: „Sag mal SCHMETTERLING.“ oder „Sprich in ganzen Sätzen: Ich möchte bitte Wasser haben. Jetzt du!“ Ein Kind lernt jedoch nicht durch Nachsprechen. Das ist sinnlos und führt oft sogar zu Verweigerung, denn dadurch können Druck und Schamgefühl entstehen. Verbanne dieses „SAG MAL …“ am besten aus deinem Wortschatz. Gib deinem Kind stattdessen möglichst viele Gelegenheiten, Wörter und Sätze selbst benutzen zu wollen, indem du eure Handlungen in Spiel und Alltag sprachlich begleitest und gezielte Fragen stellst, ohne abzufragen. Ein Beispiel wäre: „Oh, schau mal, das wunderschöne Tier mit den bunten Flügeln dort auf der Wiese.“ Warte kurz ab, ob dein Kind das Wort für das gemeinte Tier sagt, ansonsten sprich weiter: „Ich liebe Schmetterlinge! Das sind so schöne Tiere, oder?“ So hat das Kind die Möglichkeit, ohne Druck und Zwang auf das Gesagte zu reagieren oder einfach nur zuzuhören und die Wörter abzuspeichern.

IN GANZEN SÄTZEN SPRECHEN: DIE GRAMMATIK

Grammatik umfasst sowohl die Fähigkeit, Sätze zu bilden, als auch die Fähigkeit, Wörter zu beugen (ich fahre/du fährst), die Mehrzahl zu bilden (ein Ball, viele Bälle) sowie den richtigen Artikel und Fall zu verwenden (z. B. die Tasse – der Stift liegt neben der Tasse).

Hierfür müssen unsere Kinder Regeln erkennen und ableiten. Im Alltag gibt es viele Handlungen, die man sprachlich begleiten kann bzw. die man vorher und nachher benennen kann, um Kindern die Satzstruktur zugänglich zu machen. Beispielsweise: „Komm, wir gehen in die Küche. Hilfst du mir, den Tisch zu decken? Was brauchen wir für unser Frühstück? ... Den Löffel hast du hingelegt. ... Den Tisch haben wir schön gedeckt. Jetzt können wir gleich essen."

Neben euren alltäglichen Gesprächen könnt ihr die verschiedenen grammatikalischen Aspekte mit den nachfolgenden Spielideen unterstützen.

AUSFLUG IN DEN ZOO

ab 2 Spielern
5 Min. aufwärts

Bei diesem Spiel werden Bewegung und das Sprechen von Sätzen auf motivierende Weise miteinander verknüpft. Außerdem werden die Raum-Lage-Orientierung und die eigene Körperwahrnehmung trainiert.

So geht`s:
Probiert gemeinsam aus, wie sich einzelne Tiere fortbewegen. Formuliert dazu Anweisungen, die den Tiernamen mit dem Bewegungsverb verbinden, beispielsweise:

- Hüpfen wie ein Frosch
- Stampfen wie ein Elefant
- Schwimmen wie ein Fisch
- Fliegen wie ein Vogel
- Kriechen wie eine Schlange
- Schleichen wie eine Katze
- Klettern wie ein Affe

Führt die Bewegungen gemeinsam aus, versprachlicht eure Handlungen immer wieder. Gebt euch gegenseitig Anweisungen: „Mama, schleiche wie eine Katze!"

Ihr könnt auch Tierkärtchen basteln und diese im Spiel ergänzend verwenden.

TIPP

Ihr könnt den Satz verändern und verschiedene Personalpronomen benutzen:
„Ich hüpfe wie ein Frosch."
„Du kletterst wie ein Affe."
„Sie fliegt wie ein Adler."
„Wir schwimmen wie ein Hai."
„Ihr schleicht wie Katzen."

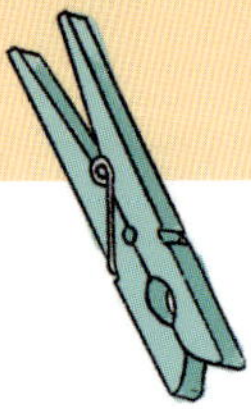

FARBEN ZUORDNEN MIT WÄSCHEKLAMMERN

ab 2 Spielern
30 Min. aufwärts

Bei diesem Spiel stehen die Farben im Vordergrund. Nebenbei bewegen sich die Kinder und trainieren ihren Wortschatz und den Satzbau.

Ihr braucht:

- Bilder von einfarbigen Dingen (grüner Frosch, gelber Mond, roter Apfel, brauner Hund, weißer Schneemann ...) Die Bilder könnt ihr selbst malen oder ausdrucken.
- Wäscheklammern in den Farben der Motivbilder

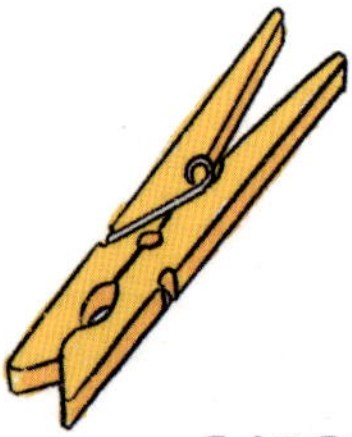

So geht´s:
Legt alle Bildkarten in eine Box und klammert die Wäscheklammern an verschiedenen Stellen im Raum fest. Die Mitspieler ziehen nun jeweils ein Bildkärtchen, gehen zu einer farblich passenden Wäscheklammer und befestigen dort das Bild. Dabei benennen die Kinder die Farben: „Der Frosch ist grün." „Ein blauer Ball" etc. Dies wird so lange gespielt, bis alle Bilder an einer farblich passenden Klammer hängen.

TIPP

Das Spiel könnt ihr wunderbar draußen im Garten oder Park spielen.

EXPERTENTIPP

Wir können Sprechfreude wecken, indem wir die Kinder selbst zum Erzähler werden lassen. Mit offenen Fragen wie „Hast du auch schon mal so etwas erlebt?" oder „Was war das Lustigste, das heute im Kindergarten passiert ist?" können Kinder im Alltag zum Sprechen in ganzen Sätzen motiviert werden. Nutze Phasen des Übergangs wie Warten, Aufräumen, Autofahren, aber auch Ausflüge oder Situationen wie Basteln oder Malen für tägliche Gespräche.

SPIELLANDSCHAFTEN BESCHREIBEN

ab 2 Spielern
10 Min. aufwärts

Wir haben schon erfahren, dass der allergrößte Teil der Sprachförderung im Alltag stattfindet. Eine alltägliche Handlung vieler Kinder ist der Aufbau von Spiellandschaften. Wann immer euer Kind eine baut, könnt ihr sie für viele Sprechanlässe nutzen.

Ihr braucht:

- Eine aufgebaute Spiellandschaft mit Figuren, Autos, Tieren etc.
- Einen Würfel

So geht´s:
Setzt euch gemütlich vor die Spiellandschaft. Jetzt wird abwechselnd gewürfelt. Jeder Spieler bildet nun genau so viele Sätze, wie Augen auf dem Würfel zu sehen sind, und beschreibt dabei die Spiellandschaft. Achte darauf, dass die einzelnen Teile der Spiellandschaft präzise beschrieben werden. Gib Anregungen, indem du selbst kreative Sätze sprichst. („Hier hinten beim großen Baum grast eine Kuh." „Rechts neben dem roten Auto parkt mein grüner Spielzeugtraktor."). Es ist völlig in Ordnung, wenn dein Kind anfangs nur Drei-Wort-Sätze bildet. Mit viel Training und dir als gutem Vorbild werden die Sätze ganz von allein länger und kreativer.

Sonderregeln: Würfelt jemand eine Fünf, verändert er eine Figur der Spiellandschaft und bestimmt einen anderen Spieler, der die Veränderung beschreiben soll. Bei einer Sechs laufen alle Spieler eine Runde um den Tisch.

BLITZSPIEL: WIE ENDET DER SATZ?

ab 2 Spielern
5 Min. aufwärts

Bei diesem Spiel ist sprachliche Kreativität gefragt. Ihr könnt es zwischendurch beim Spazierengehen, beim Autofahren oder im Wartezimmer spielen.

So geht´s:
Gib deinem Kind den Anfang eines Satzes vor und dein Kind versucht, den Satz korrekt zu beenden. Zum Beispiel: „Gestern Abend saßen ..." „... wir lange am Lagerfeuer."

Spielen mehrere Spieler mit, können sich alle Kinder ein Ende für denselben Satz ausdenken. Es ist spannend, unterschiedliche Varianten zu hören.

Sobald die Kinder das Spiel gut verinnerlicht haben, könnt ihr die Rollen tauschen und die Kinder geben Satzanfänge vor.

Variante:
Ihr könnt das Spiel auch unter ein Motto stellen: Wir bilden nur lustige Sätze. Oder: In jedem Satz muss ein Hund vorkommen. Alle Sätze müssen von Weihnachten handeln etc.

DER, DIE, DAS?!

ab 2 Spielern
20 Min. aufwärts

Artikel sind einer der schwierigsten Bereiche der deutschen Sprache. Für Kinder mit der Muttersprache Deutsch sind Artikel zwar grundsätzlich kein Problem, trotzdem ist eine Sensibilisierung für die Artikel sinnvoll. Dies gelingt beispielsweise mit folgendem Spiel:

Ihr braucht:

- verschiedene Gegenstände
- drei Körbchen
- drei Wortkärtchen „der", „die", „das" (zur besseren Verständlichkeit malt ihr am besten einen Mann, eine Frau und ein Kind dazu)

Legt vor jedes der drei Körbchen eines der drei Wortkärtchen. Erkläre deinem Kind kurz, was Artikel, auch Begleiter genannt, sind und findet gemeinsam einige Beispiele („der Besen", „die Gabel", „das Bild").

Macht euch nun in der Wohnung auf die Suche nach verschiedenen Gegenständen für die einzelnen Körbchen. Startet mit einem „Der-Spaziergang" und sucht dabei nur Dinge, die den Artikel „der" haben. Danach wiederholt ihr den Spaziergang mit den anderen beiden Artikeln.

Geht die Dinge in den Körbchen nochmals zusammen durch und benennt sie.

BLITZSPIEL: WIE LAUTET DIE FRAGE?

ab 2 Spielern
5 Min. aufwärts

Hierbei handelt es sich wieder um ein kurzes knackiges Spiel, das ihr immer und überall umsetzen könnt. Die Kinder werden dabei angeregt, kreativ mit Sprache umzugehen und ihre Fantasie einzusetzen.

So geht´s:
Ein Spieler sagt einen beliebigen Satz, wie z. B.: „Nein, ich habe leider keine Zeit." Die anderen Mitspieler haben nun die Aufgabe, sich Fragen zu dieser Antwort auszudenken, beispielsweise: „Kommst du mit zu mir?", „Wollen wir Fußball spielen?", „Malst du heute noch ein Bild?"

Beginnt mit allgemeinen Antworten wie „Ja, das passt!" oder „Das weiß ich jetzt noch nicht."

Funktioniert das gut, könnt ihr immer speziellere Antworten geben: „Am 25. Juli." „In zwei Stunden." „Gestern beim Frühstück." „Meine Tante Laura."

ERZÄHLEN UND QUATSCHEN: DIE ERZÄHLFÄHIGKEIT

Kinder mögen es, sich zu verkleiden, in andere Rollen zu schlüpfen und sich Geschichten auszudenken. Mit den nachfolgenden Spielen werden Warum-Weil-Zusammenhänge und das lineare Erzählen geübt. Aber nicht nur das: Die Spielideen fördern auch die Fantasie und helfen deinem Kind dabei, mit seiner eigenen Vorstellungskraft die Welt neu zu erfinden. So kann es Erlebnisse und Gefühle leichter verarbeiten, lernt, seine Meinung zu vertreten und baut dadurch Stück für Stück mehr Selbstbewusstsein auf. Beim Geschichtenerzählen entstehen zudem Nähe und ein positives Gefühl. Dieses hilft, Dinge leichter im Gedächtnis zu behalten.

Selbst gemachte Erzählsteine

ab 2 Spielern
5 Min. aufwärts

Erzählsteine eignen sich sehr gut zur Sprachförderung. Mit ihrer Hilfe entstehen die spannendsten Geschichten. Obendrein ist das Sammeln und Bemalen der Steine ein schönes gemeinschaftliches Erlebnis.

Ihr braucht:

- Flache Steine
- Acrylfarbe/Acrylstifte
- Pinsel
- Klarlack

Sammelt bei einem gemeinsamen Spaziergang viele flache Steine. Überlegt euch dann, welche Motive eure Erzählsteine zeigen sollen. Für das erste Set Erzählsteine empfehlen wir, Dinge aus dem täglichen Leben des Kindes zu malen (z. B. Haus, Haustier, Sonne, Mond, Kindergartenbus, Teller, Kind, Eltern, Blume, Garten, Ball, Wald), da das Kind mit den Wörtern bereits vertraut ist und sich so besser auf das Erzählen konzentrieren kann.

Malt die Motive mit Acrylfarben und Pinsel oder mit Acrylstiften auf die Steine. Wer mag, kann die Motive mit Bleistift vorzeichnen. Zur besseren Haltbarkeit werden die Steine, sobald die Farbe getrocknet ist, mit Klarlack angesprüht.

So geht´s:
Eure Erzählsteine dienen nun dazu, gemeinsam kreative Geschichten zu entwerfen. Ihr könnt die Erzählsteine in eure Mitte legen und frei aus dem Bauch heraus eine Geschichte dazu erfinden. Es sollen möglichst viele abgebildete Gegenstände und die entsprechenden Wörter vorkommen.

Probiert gern auch folgende Varianten aus:

Variante 1:
Seid ihr schon etwas geübt, könnt ihr eine Variante mit einem Tastsäckchen ausprobieren. Die Spieler ziehen der Reihe nach jeweils einen Erzählstein und jeder denkt sich einen Satz aus. Ziel ist, dass eine gemeinsame Geschichte aus den Sätzen entsteht. Das ist gar nicht so einfach, da manche Motive auf den Steinen nicht unbedingt gut in die Reihe passen. Durch Kreativität, Fantasie und Geschick werden diese Geschichten aber oft die besten.

Variante 2:
Nutzt die Steine zum Plaudern über verschiedene Dinge aus eurem Alltag. Zieht einen Stein und überlegt, wie das Motiv zu eurem Leben passt und was ihr dazu von euch erzählen könnt. Beim Symbol „Blume“ könnte man z. B. über Lieblingsblumen reden, bei der „Sonne“ vom letzten Urlaub erzählen oder das Wetter beschreiben etc.

Variante 3:
Nutzt eure Erzählsteine für verschiedene grammatikalische Übungen:

- Artikel finden (DER Garten)
- Mehrzahl bilden (das Haus – DIE HÄUSER)
- Silben klatschen (Son – ne)
- Reimwörter finden (Mond – wohnt)
- Für ältere Kinder: Wörter aufschreiben, Geschichten aufschreiben, Steine nach dem ABC ordnen

TIPP

Ihr könnt eure Erzählsteine jederzeit erweitern und neue Motive gestalten oder eigene Sets für spezielle Anlässe oder Themen kreieren (z. B. Märchen, Weihnachten, Urlaub, Schule, Detektivgeschichten ...)

THEATER SPIELEN

ab 2 Spielern
mehrere Stunden

Denkt euch gemeinsam mit eurem Kind ein Theaterstück aus. Hierbei wird neben der Sprache auch die Fantasie und Merkfähigkeit trainiert sowie das Selbstwertgefühl des Kindes gestärkt.

Ihr braucht:

- Verkleidungen oder Kleidung der Erwachsenen
- Verschiedene Alltagsgegenstände
- Bastelmaterialien

So geht´s:
Denkt euch eine kleine Geschichte aus oder spielt eine kurze Geschichte aus einem Bilderbuch oder einen Witz gemeinsam nach. Verteilt die Rollen und überlegt euch Kostüme und passende Frisuren. Die Aufmachung muss nicht aufwendig sein. Kinder lieben es, wenn sie im Kleiderschrank der Eltern nach einem passenden Outfit stöbern dürfen!

Sucht passende Requisiten für euer Schauspiel und bastelt, wenn ihr Lust habt, ein Bühnenbild aus Karton.

Nun wird das Theaterstück geprobt. Orientiert euch dabei an eurem Kind, überlasst ihm die Führung. Übt das Stück ein paarmal und spielt es dann vor Publikum oder nehmt ein Video davon auf. Die Kinder sind begeistert, wenn sie sich später selbst im Fernsehen sehen können.

FINDELKINDER UND DEREN GESCHICHTEN

ab 2 Spielern
30 Min. aufwärts

Dieses Spiel könnt ihr beim nächsten Spaziergang ausprobieren. Wer erfindet wohl die spannendste Geschichte zu seinem Findelkind?

So geht´s:
Haltet beim nächsten Spaziergang Ausschau nach interessanten Gegenständen oder Naturmaterialien und sammelt diese in einem Korb. Setzt euch dann an einen besonders schönen Platz in der Natur und erzählt euch Geschichten zu den einzelnen Fundstücken.

Je spannender, lustiger oder gruseliger die Geschichten sind, umso mehr Spaß wird euch das Spiel machen. Überlegt, wo die Gegenstände herkommen könnten und welche spannenden Abenteuer sie erlebt haben könnten.

SELBST GEMACHTES PUPPENTHEATER

ab 1 Spieler
40 Min. aufwärts

Ein Puppentheater bietet unendlich viele Möglichkeiten, um in fantasievolle Geschichten einzutauchen und diese allein oder gemeinsam umzusetzen. Wir zeigen euch, wie ihr mit ein paar einfachen Dingen euer eigenes Puppentheater basteln könnt.

Ihr braucht:

- Holzstäbchen
- Wolle
- Knöpfe, Pailletten
- Kleber (am besten aus der Heißklebepistole)
- Stifte
- Eine Schuhschachtel

Bastelanleitung:
Aus den Holzstäbchen fertigt ihr die Puppen für euer Theater: Umwickelt für den Körper den mittleren und unteren Teil des Stäbchens mit Wolle. Malt Mund, Nase und Augen auf den oberen Teil des Stäbchens, das Gesicht der Puppe. Ihr könnt für den Kopf Haare, ein Stirnband oder eine Mütze aus Wolle gestalten und oben festkleben. Verziert die Puppe außerdem nach

Belieben mit Knöpfen oder Pailletten. Die Schuhschachtel wird das Theater. Klebt den Deckel an der Schachtel fest und schneidet dann je ein großes rechteckiges Loch in den Deckel und die Schachtel des Kartons. Fertig!

Stellt euer Theater mit der langen, schmalen Seite auf einen Tisch und setzt euch hinter die „Bühne". Bringt eure Puppen in Position und spielt nun genau dort, wo sich die beiden Löcher befinden. So können eure Zuschauer vorn das Theaterstück sehen.

Ihr könnt entweder spontan Theaterstücke vorspielen oder euch ein kleines Stück überlegen und vorher proben.

WIE GEHT ES WEITER?

ab 2 Spielern

5 Min. aufwärts

Ein spannendes Spiel, bei dem Kreativität, Fantasie und Wortgewandtheit wichtig sind. Wer erfindet wohl den tollsten Schluss der Geschichte?

Ihr braucht:

- Bilderbücher oder Geschichten

So geht´s:
Lies den Mitspielern ein unbekanntes Bilderbuch oder eine Geschichte vor. Höre in der Mitte auf und frage die Spieler, wie die Geschichte weitergehen könnte. Jeder Spieler darf seine Version erzählen.

Lest dann die Geschichte zu Ende und sprecht über den tatsächlichen Schluss. Hat er euch gefallen? Oder habt ihr euch ein besseres Ende ausgedacht? Wenn ja, welches und warum?

TIPP

Bücher müssen nicht unbedingt immer neu gekauft werden. Leiht euch Bücher aus der Bücherei aus oder sucht Geschichten im Internet.

EXPERTENTIPP

Ein offenes Ohr ist Gold wert. Du förderst dein Kind oft am besten, indem du ihm gut zuhörst, statt es zu belehren. Wenn du die richtigen Fragen stellst, statt immer direkt Antworten zu liefern, lernt dein Kind Konzepte zu verstehen und kreativ zu denken. Eine gute Methode ist, offene Fragen zu stellen oder Aufforderungen zu geben: „Oh, das ist spannend, erzähl mir mehr!" oder „Sagst/Erklärst du mir, warum?" Das kann der Auftakt einer wunderbaren Erzählrunde sein.

MEIN EIGENES BILDERBUCH

ab 1 Spieler
30 Min. aufwärts

Versucht euch als Autor und Künstler und gestaltet euer eigenes Bilderbuch. Ihr fördert damit nicht nur Sprache, Feinmotorik und Kreativität, sondern schafft auch eine unvergessliche Erinnerung.

Ihr braucht:
- Papier in DIN A4
- Tacker
- Stifte

So geht´s:
Lege fünf Papierblätter aufeinander und falte sie in der Mitte. Tackere das Papier entlang der Faltlinie einige Male zusammen – schon ist ein Büchlein entstanden, das dein Kind nun mit vielen kunterbunten Bildern füllen kann. Jüngere Kinder gestalten ihr Buch vielleicht noch ohne sinnvollen Zusammenhang der Bilder, ältere Kinder können sich eine Geschichte überlegen und in Bildern umsetzen.

Beginnt mit einfachen Geschichten und wenigen Buchseiten. Hier ein Beispiel:

Seite 1: Ein Mädchen geht nach draußen.
Seite 2: Die Sonne scheint, es spielt Ball.
Seite 3: Am Himmel bilden sich Wolken.
Seite 4: Es beginnt zu regnen.
Seite 5: Das Mädchen läuft zurück ins Haus.
Seite 6: Am Himmel entsteht ein Regenbogen.

Unterstützt euer Kind beim ersten Versuch und leitet es an. Später werden die Geschichten ganz von allein fantasievoller und detailreicher werden.

TIPP

Animiere dein Kind, das gestaltete Büchlein anderen Familienmitgliedern und Freunden zu zeigen und die jeweilige Geschichte dazu zu erzählen.

LAUTER LAUTE: DIE AUSSPRACHE

Für die richtige Aussprache müssen Kinder lernen, Laute im Mundraum zu bilden und nach den Regeln ihrer Muttersprache in der richtigen Reihenfolge und mit der richtigen Betonung im Wort einzusetzen.

Die nachfolgenden Spiele fördern die Sprachwahrnehmung, die Wahrnehmung der einzelnen Laute und trainieren die Silben- und Lautabfolgen.

Reime, Finger- und Singspiele

Finger- und Singspiele machen richtig Spaß und fördern nicht nur die Aussprache, sondern auch die Feinmotorik, die Konzentration und die Aufmerksamkeit. Die Kinder kommen in Kontakt mit Rhythmus und Melodie und lernen Körpersprache sowie Bewegungen der Hände mit Wörtern zu verbinden. Die rhythmischen Muster trainieren außerdem das Gedächtnis und die Merkfähigkeit. Es folgen einige unserer liebsten Beispiele:

Es regnet ganz sacht
und schon eine Nacht. (Mit den Fingerspitzen auf dem Tisch tippeln.)

Jetzt regnet es sehr,
und schon regnet es noch mehr.
(Mit den Handflächen auf den Tisch klopfen.)

Es donnert und blitzt, (Mit den Fäusten auf den Tisch klopfen, bei „blitzt" laut klatschen.)
das Kindlein gleich flitzt (Noch mal klatschen.)

hinein in das Haus,
und schaut dann heraus (Mit den Händen ein Haus formen und durchschauen.)

und ruft: „Oh wie fein!
Jetzt ist Sonnenschein!" (Mit den Armen einen großen Kreis machen.)

Trippel-trappel-Mäuschen
In unserem Häuschen
Sind ganz viele Mäuschen.
Die trippeln und trappeln,
die zippeln und zappeln,
die stehlen und naschen,
und will man sie haschen –
husch, sind sie weg!

(Alle zehn Finger sind die Mäuschen, die überall auf dem Kind trippeln und trappeln. Beim letzten Vers verschwinden sie hinter dem Rücken des Erwachsenen.)

Ich hab ein kleines Kasperlhaus,
zum Fenster schaut der Kasperl raus.
(Mit den Händen ein Dach formen und durchschauen).

Da kommt das böse Krokodil,
das meinen Kasperl fressen will!
(Beide Hände wie ein Maul formen und auf- und zuschnappen.)

Der Kasperl wird vor Schreck ganz
blass und versteckt sich in einem Fass.
(Mit einer Hand ein Fass formen und einen Finger der anderen Hand darin verstecken.)

Das Krokodil schaut hin und her
und findet keinen Kasperl mehr!
(Wieder ein Krokodilmaul bilden, hin und her drehen und die Schultern zucken.)

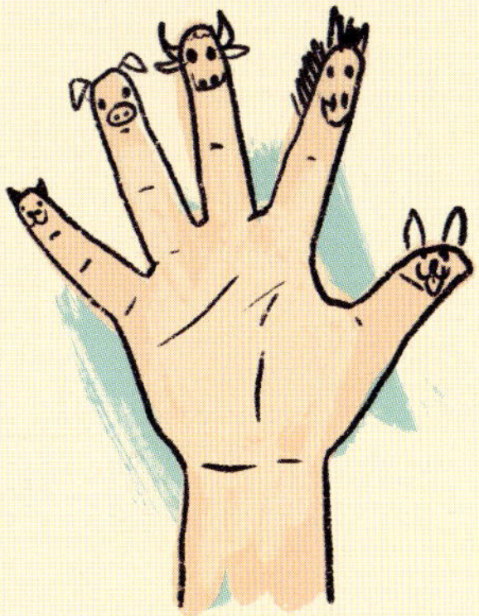

Alle meine Fingerlein
wollen heute Tiere sein! (Eine Hand ausstrecken, mit allen Fingern zappeln.)

Der Daumen dick und rund
ist der schwarze Schäferhund.

Der Zeigefinger ist ein Pferd,
das die Kinder reiten lehrt.

Der Mittelfinger ist die Kuh,
die gibt Milch immerzu.

Der Ringfinger ist das Schwein
mit vielen Ferkeln klitzeklein.

Kleiner Finger ritze-ratz
ist die weiße Miezekatz. (Mit dem jeweiligen Finger wackeln.)

Nachts sind alle fünf im Stall,
hör nur, wie sie schnarchen all.
(Faust bilden und schnarchen.)

Himpelchen und Pimpelchen,
die stiegen auf einen hohen Berg.
(Beide Daumen nach oben strecken,
Daumen nach oben bewegen.)

Himpelchen war ein Heinzelmann
(mit dem linken Daumen wackeln)
und Pimpelchen ein Zwerg.
(Mit dem rechten Daumen wackeln.)

Sie blieben lange dort oben sitzen
und wackelten mit ihren Zipfelmützen.
(Mit den Händen eine Zipfelmütze auf
dem Kopf andeuten.)

Doch nach vielen langen Wochen
sind sie in den Berg gekrochen.
(Daumen in die Fäuste stecken.)

Schlafen dort in guter Ruh.
(Zeigefinger an die Lippe.)
Seid mal still und hört gut zu!
(Hand ans Ohr.)
Ch ch ch ch ch … (Schnarchen)

Heißa, heißa, hopsassa,
Himpelchen und Pimpelchen sind
wieder da! (Daumen wieder zeigen
und mit ihnen tanzen.)

TIPP

Fingerspiele, Reime und Zungenbrecher sind Spracherlebnisse, die sich tief einprägen. Denk an deine eigene Kindheit zurück. Welche Klatschspiele, Zungenbrecher und Reime hast du gelernt? Gib diese unbedingt an deine Kinder weiter.

Fünf Gespenster hocken vor dem Fenster.
Das 1. schreit: Haaaa!
Das 2. heult: Hoooo!
Das 3. brummt: Huuuu!
Das 4. lacht: Hiiiiiiii!
Das 5. schwebt zu dir herein und flüstert: „Wollen wir Freunde sein?"
(Mit dem Daumen beginnend jeweils mit einem Finger wackeln.)

EXPERTENTIPP

Kinder wollen Reimverse häufig immer wieder hören und selbst aktiv mitmachen. Lass in Reimversen zum Beispiel das Reimwort weg und lass es von deinem Kind ergänzen. Dieses wiederholte Wahrnehmen und Produzieren von Wörtern und Wortfolgen schärft das Gehör und schult die Aussprache. Bereits Kinder unter drei Jahren können durch konzentriertes Zuhören bei Erzählreimen und Fingerspielen den Zusammenhang zwischen Sprechen und Handeln verstehen. Wenn beispielsweise eine auffällige Pause im Reimvers kommt, lernen die Kinder vorauszuahnen, was gleich passiert: „Fällt er in den Sumpf. Macht der Reiter ___ (plumps)!".

TALER, TALER DU MUSST WANDERN

ab 2 Spielern
5 Min. aufwärts

Dieses klassische Kreisspiel ist sicherlich vielen bekannt. Hier wird die Rhythmisierung der Sprache und das Sprechen nach Silben trainiert, außerdem werden rhythmische Bewegungsabfolgen geübt.

Ihr braucht:
- Ein Geldstück oder einen anderen Gegenstand

So geht's:
Setzt euch im Kreis auf. Seid ihr nur zwei Spieler, setzt ihr euch gegenüber. Nun gebt ihr das Geldstück im Kreis weiter. Von der eigenen rechten Hand in die eigene linke Hand, dann in die rechte Hand des Nachbarn, der sie wiederum in seine linke Hand weitergibt etc. Dabei wird folgender Spruch aufgesagt:

„Ta-ler, Ta-ler, du musst wan-dern,
von der ei-nen Hand zur an-dern!
Das ist schön, das ist schön,
Ta-ler lass dich ja nicht seh'n."

(Dabei wandert der Taler nach jeder Silbe eine Hand weiter.)

Der Spieler, bei dem der Taler am Ende des Spruches landet, führt eine Turnübung vor, die alle Mitspieler wiederholen. Dann beginnt das Spiel von vorn.

Variante:
Ihr könnt verschiedenste Gegenstände auf Wanderschaft schicken und den Spruch dementsprechend ändern. Idealerweise besteht das Nomen aus zwei Silben, beispielsweise: „Kor-ken, Kor-ken, du musst wan-dern, ..." oder „Pup-pe, Pup-pe, du musst wandern, ..."

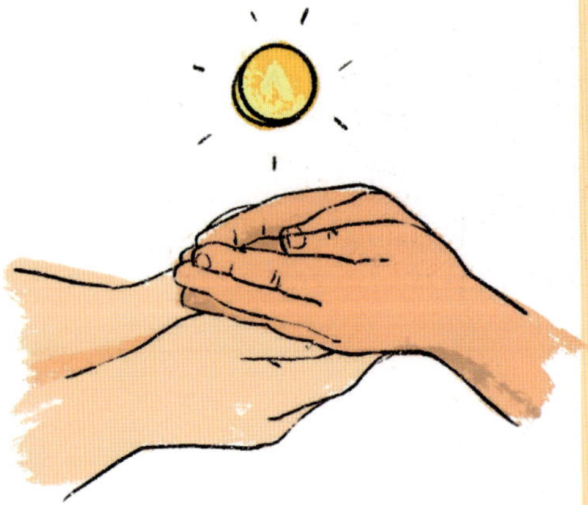

SCHWIERIGE LAUTE

Häufig werden sie durch andere Laute ersetzt („Dabel" statt „Gabel", „Su" statt „Schuh")t oder falsch gebildet (z. B. Lispeln beim S mit Zungenlage zwischen den Zähnen).

Auch stellen Konsonantenverbindungen wie z. B. /Bl, Br, Tr, Kr, Dr, Gr, Kn, Schl, Schn, Schw, Schr, St, Sp, Str, Schm, Kl/ häufig schwierige Lautverbindungen dar.

Die Laute /S/, /Z/, /SCH/ sowie /G/, /K/ und /R/ bereiten während des Spracherwerbs die meisten Ausspracheprobleme.

Mit den folgenden Spielen geben wir dir ein paar Ideen an die Hand, mit denen du dein Kind beim Erlernen dieser schwierigen Laute unterstützen kannst.

SAFARI DURCH DEN WUNDERWALD

ab 2 Spielern
20 Min. aufwärts

Im Wunderwald leben Tiere mit interessanten Namen. Bei einem Spaziergang durch den Wunderwald werden schwierige Laute spielerisch geübt und die Körperwahrnehmung trainiert.

Material
Malt oder druckt euch folgende Tierbilder aus:

- Schlange = Schlange Schling-Schlang
- Rabe = Rabe Rudi-Raser
- Kater = Kater Kit-Karlo
- Zebra = Zebra Zenzi-Zottel
- Gans = Gans Gerti-Gelbfuß

So geht's:
Hänge die Tierkarten weitläufig verteilt in der Wohnung auf. Lade die Kinder zu einer Safari durch Wunderwald ein. Geht gemeinsam los und sucht das erste Tier. Stelle das Tier den Kindern vor, nenne seinen Namen und überlegt euch, welche Bewegungen dieses Tier macht. (Die Schlange schlängelt, der Rabe fliegt ...) Begrüßt das Tier nun mit seinem Namen: „Hallo Schlange Schling-Schlang!" und macht die passende Bewegung.

Nun macht ihr euch auf zum nächsten Tier, stellt dieses wieder vor und begrüßt es mit passenden Bewegungen. Wiederholt diesen Vorgang mit allen Tieren auf der Safari. Wenn ihr alle Tiere kennt, kann die Safari beliebig oft wiederholt werden.

Einfache Variante:
Bei sehr jungen Kindern könnt ihr den Doppelnamen der Tiere erst einmal weglassen. Begrüßt die Tiere mit ihrem Tiernamen („Hallo Rabe!") und macht passende Bewegungen dazu.

Klappt das gut, führt ihr den ersten Vornamen ein („Hallo, Rabe Rudi!"), und wenn dies wiederum gut funktioniert, verratet ihr euren Kindern noch den zweiten Vornamen der Tiere.

TIPP

Erfindet weitere Tiere und erweitert so eure Safari.

BLITZSPIEL: SCHERE, STEIN, PAPIER

ab 2 Spielern
5 Min. aufwärts

Dieses Spiel für zwischendurch kennen bestimmt viele aus der eigenen Kindheit. Hier wird ganz nebenbei der Laut /SCH/ trainiert.

So geht's:
Bei „Schere, Stein, Papier" treten zwei Spieler gegeneinander an. Es gibt drei mögliche Symbole, welche die Spieler mit ihrer Hand bilden können:

- Schere: Mittelfinger und Zeigefinger zu einer Schere spreizen
- Stein: eine Faust machen
- Papier: eine flache Hand machen

Die Spieler machen eine Faust und zählen gemeinsam ein: „Schere, Stein, Papier!" Beim Wort „Papier" entscheidet sich jeder Spieler schnell für eines der drei Symbole, formt die Hand entsprechend und streckt sie in die Mitte.

Nun gelten folgende Regeln:
Schere schneidet Papier – Schere gewinnt gegen Papier.
Papier wickelt Stein ein – Papier gewinnt gegen Stein.
Stein zerschlägt Schere – Stein gewinnt gegen Papier.

Der Verlierer muss sich ein Wort mit /SCH/ ausdenken. Zeigen beide Spieler dasselbe Symbol, überlegen sich beide ein Wort mit /SCH/ und das Spiel beginnt von vorn.

Variante:
Das Spiel könnt ihr mit unterschiedlichen Namen spielen und so verschiedene Laute trainieren:

- Fli, Fla, Fluk und Wörter mit /F/ ausdenken
- Ri, Ra, Rutsch und Wörter mit /R/
- Xi, Xa, Xo und Wörter mit /X/
- Klick, Klack, Kluck und Wörter mit /K/ etc.

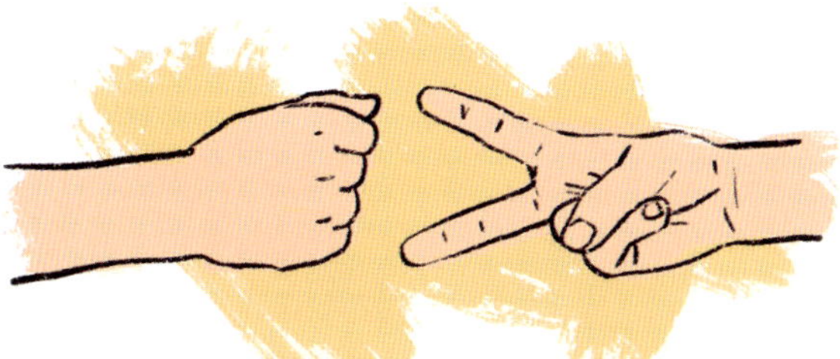

KARLO KATZE KAUFT EIN

ab 2 Spielern
20 Min. aufwärts

Helft dem kleinen Karlo bei seinem Einkauf und übt dabei besonders schwierige Laute.

Ihr braucht:
- Eine Stoffkatze oder eine Katzen-Handpuppe
- Verschiedene Gegenstände mit schwierigen Lauten (siehe S. 137)

TIPP

Tauscht die Rollen und verwendet immer wieder unterschiedliche Gegenstände, damit das Spiel spannend bleibt. Schickt auch mal die „Schlange Schling Schlang" oder das „Zebra Zenzi Zottel" zum Einkaufen.

So geht's:
Legt die Gegenstände in ein Körbchen. Ein Spieler ist der Verkäufer, die anderen Spieler kaufen für Kater Karlo ein. Dabei verwenden sie folgenden Wortlaut: „Kater Karlo kauft ...!" – die Kinder trainieren hierbei den schwierigen Laut /K/ und weitere von dir ausgewählte Laute. Zum Beispiel: „Kater Karlo kauft eine /SCH/lange aus /ST/off."

BLITZSPIEL: ES SCHWIMMT, ES SCHWIMMT, ES SCHWIMMT

ab 2 Spielern
5 Min. aufwärts

Den Spieleklassiker „Es fliegt, es fliegt ..." kennt wohl jeder. Unsere Spielvariante ist besonders schwierig, weil es hier um die Lautverbindung /SCHW/ geht und nicht um die Frage, ob ein Gegenstand schwimmen kann.

So geht's:
Der Spielleiter spricht den Satz „Es schwimmt, es schwimmt, es schwimmt ..." und nennt einen Gegenstand oder ein Tier dazu: „Es schwimmt, es schwimmt, es schwimmt eine Schatzkiste/ ein Reifen/ ein Auto!"

Während der Spielleiter den Satz spricht, trommeln die Kinder mit ihren Fingern auf ihren Oberschenkeln. Sobald sie den ausgedachten Gegenstand hören, müssen sie reagieren: Hören sie ein /SCH/ im Wort, heben sie die Hände. Hören sie kein /SCH/, trommeln sie weiter und warten gespannt darauf, was im nächsten Satz schwimmt.

Wenn die Kinder das Spiel verstanden haben, können sie selbst Spielleiter sein und die aktive Sprechrolle einnehmen.

KAPITEL 6

DIE SCHÖNSTEN SPIELE FÜR EIN MITEINANDER

In diesem Kapitel haben wir Spiele gesammelt, die die emotionale Intelligenz fördern. Es geht darum, eigene Gefühle wahrzunehmen und zu steuern, Eigenmotivation zu entwickeln und zwischenmenschliche Fähigkeiten wie Empathie zu unterstützen. Im weiteren Sinne wird hierbei auch die Kreativität gefördert.

ICH UND MEINE GEFÜHLE

Dein Kind sammelt jeden Tag neue Erfahrungen im Umgang mit sich selbst und mit anderen. Das ist ein aufregender Lernprozess und ein Auf und Ab in der Gefühlswelt.

Um die eigenen Gefühle kennenlernen zu können, muss dein Kind lernen, sie in Worte zu fassen. Gib deinem Kind also die passenden Begrifflichkeiten für seine Gefühle an die Hand. Benenne Gefühle selbst, auch das, was dabei im Körper vor sich geht „Oh je, du hast das Glas kaputt gemacht. Ich sehe, du bist ganz traurig. Dein Mund zeigt nach unten und dein Kopf hängt so traurig nach unten. Hast du einen bedrückenden Stein in deinem Bauch?"

Mit der Zeit wird dein Kind lernen, seine Gefühle und die dazugehörenden Körperreaktionen selbstständig zu benennen. Sei ihm ein gutes Vorbild und sprich über deine eigenen Gefühle!

Die nachfolgenden Spiele helfen deinem Kind, sich selbst besser kennenzulernen, seine eigenen Gefühle besser einzuordnen und dann auch versprachlichen zu können.

Grundlegende Emotionen sind Freude, Trauer, Angst, Wut, Ekel und Überraschung. Auf diesen Grundemotionen bauen alle anderen Emotionen auf. Für unsere Spielideen nutzen wir erstmal diese Emotionen. Je älter und erfahrener die Kinder sind, umso weiter kann man die Begriffe ausbauen.

EINE GEFÜHLSUHR BASTELN

ab 2 Spielern
20 Min. aufwärts

Eine Gefühlsuhr hilft Kindern, die eigenen Gefühle zu erkennen und benennen zu können. Auf der Uhr werden Gefühle bildlich dargestellt, das Kind kann in sich hineinspüren und den Uhrzeiger je nach Gefühlslage richtig einstellen.

Ihr braucht:

- Karton
- Eine Schere
- Einen Stift
- Ein Lineal
- Eine Musterbeutelklammer (Splint)

Bastelanleitung:
Schneidet einen Kreis mit etwa 20 cm Durchmesser aus Karton aus. Teilt den Kreis mit Lineal und Bleistift in sechs gleich große Stücke. Malt nun in jedes Kreissegment ein Gesicht, das eine der Grundemotionen zeigt. Ihr könnt auch den Hintergrund farblich passend gestalten (Wut = rot ...).

Malt dann einen Zeiger auf Karton und schneidet ihn aus. Befestigt den Zeiger mit der Musterbeutelklammer in der Mitte eurer Gefühlsuhr. Schon ist diese einsatzbereit.

So geht's:
Regt euer Kind dazu an, seine Gefühle auf der Gefühlsuhr zu zeigen. Ihr könnt mithilfe dieser Uhr auch die Gefühle, die im Laufe des Tages aufgetreten sind, reflektieren.

TIPP

Verwendet die Gefühlsuhr als tägliches Morgenritual. So wird dein Kind bereits morgens dazu animiert, in sich hineinzuhören und seine Gefühle achtsam wahrzunehmen.

GEFÜHLSBALLONS

ab 2 Spielern
30 Min. aufwärts

Bei diesem bewegungsreichen Spiel werden die Kinder angehalten, Gefühle darzustellen und über Gefühle zu reflektieren.

Ihr braucht:
- Luftballons
- Einen Permanentmarker

So geht's:
Blast einige Luftballons auf, malt Gesichter mit unterschiedlichen Emotionen auf und verteilt die Luftballons im Raum. Macht Musik an und tanzt durch den Raum. Endet die Musik, schnappt sich jeder Spieler einen Luftballon. Nun benennt jeder der Reihe nach die auf dem Ballon dargestellte Emotion und nennt eine Situation, in der er oder sie diese schon einmal erlebt hat.

Die Luftballons werden wieder im Raum verteilt und es beginnt eine neue Runde mit Musik.

Kreativität bedeutet, gewohnte Denkmuster zu verlassen, im wahrsten Sinne des Wortes querzudenken und Neues auszuprobieren. Kreativität ist ein besonderer Bereich der Intelligenz. Kreativität und Einfallsreichtum sind nicht nur beim Malen, Spielen und Sprechen gefragt, sondern eine wichtige Fähigkeit für das gesamte Leben: Beziehungen zu anderen Menschen aufbauen, empathisch sein, sich in Probleme einfühlen, flexibel reagieren, eine eigene Meinung haben und neue Wege zu gehen – all das sind Schlüsselkompetenzen für unseren Alltag.

GEFÜHLE KNETEN

ab 1 Spieler
10 Min. aufwärts

Dieses Spiel verbindet Gefühle mit dem Tastsinn und bietet die Verknüpfung der emotionalen mit der sensorischen Ebene.

Ihr braucht:

- Pappteller
- Knete

So geht's:
Die Pappteller stellen Gesichter dar. Überlegt euch ein Gefühl, schnappt euch etwas Knete und formt passend dazu Augen, Nase und Mund. Versucht zu erraten, welche Emotion die Mitspieler mit der Knete dargestellt haben, und besprecht, woran man sie erkennen kann (z. B. Wut: Augen sind Schlitze, Freude: lachender Mund, Angst: große Augen etc.).

BASTELTIPP – KNETE SELBST GEMACHT:

Macht euch Knete doch einfach selbst! Folgendes Rezept findet ihr auch auf waswirspielen.com. Es wurde bereits jahrelang von vielen Leser*innen getestet und für super befunden.

Ihr braucht:

- 250 ml Wasser
- 2 EL Öl
- 5 g Zitronensäure (Pulver)
- 100 g Salz
- 200 g Weizenmehl
- Nach Lust und Laune: Lebensmittelfarbe, Gewürze, Duftöle, Glitzer etc.

So geht's:
Das Wasser zum Kochen bringen. Nun rasch alle Zutaten mit einem Handrührgerät mit Knethaken vermischen und dann von Hand zu einem Teig kneten. Die Masse in vier Stücke teilen und jede Kugel mit etwas flüssiger Lebensmittelfarbe einfärben. Erfahrungsgemäß lässt sich die Farbe am besten einarbeiten, wenn der Teig noch warm ist. Am Ende kann nach Lust und Laune Glitzer und Duft eingeknetet werden. Die Masse reicht für vier faustgroße Stücke.

GEFÜHLE MIT MUSIK DARSTELLEN

ab 2 Spielern
10 Min. aufwärts

Verschiedene Tonlagen, Melodien und Musikinstrumente lassen sich gut mit den unterschiedlichen Gefühlen in Verbindung bringen. Probiert dies bei dieser Übung gemeinsam mit eurem Kind aus.

Ihr braucht:

- Verschiedene Musikinstrumente oder Alltagsgegenstände (wie Töpfe, Gläser und Löffel …), mit denen Musik gemacht werden kann

So geht's:
Legt die ausgewählten Musikinstrumente oder Alltagsgegenstände in eure Mitte. Nennt ein Gefühl und überlegt gemeinsam, welches Musikinstrument das Gefühl am besten widerspiegelt. Soll es eher laut oder leise sein, eher schnell oder langsam gespielt werden? Versucht dann, die unterschiedlichen Gefühle mithilfe der Instrumente musikalisch darzustellen.

Variante:
Gefühle mittels Farben darstellen
Ihr könnt die Übung genauso gut mit Farben umsetzen. Welche Farbe spiegelt welches Gefühl wider? Malt die Gefühle auf. Achtet auch auf die Linienführung – benötigt euer Gefühl weiche, runde Linien oder eher spitze, zackige?

GEFÜHLSMEMORY

ab 2 Spielern
30 Min. aufwärts

Bastelt euer eigenes Gefühlsmemory! So könnt ihr euch immer wieder spielerisch mit dem Thema Gefühle auseinandersetzen. Unsere spezielle Variante mit Fotos von Familienmitgliedern wird euch bestimmt gefallen.

Ihr braucht:
- Eine Fotokamera oder ein Handy
- Einen Computer und einen Drucker
- Karton
- Kleber, Schere

Bastelanleitung:
Bei diesem Memory seid ihr die Hauptfiguren. Stellt die einzelnen Gefühle durch passende Grimassen und Posen dar und fotografiert euch gegenseitig. Druckt die Fotos im Format 5 cm x 5 cm je zweimal aus. Klebt sie anschließend für bessere Stabilität auf Kartonquadrate. Falls ihr ein Laminiergerät zu Hause habt, könnt ihr die Fotos auch laminieren.

So geht's:
Legt die Kärtchen nun mit der Rückseite nach oben aus und spielt Memory. Benennt bei jedem Bild, das ihr aufdeckt, die dargestellten Gefühle.

TIPP

Einige unserer nächsten Spielideen erfordern Gefühlskarten. Nutzt dazu gern die Karten eures Memorys.

GEFÜHLE GENAU UNTER DIE LUPE NEHMEN

ab 2 Spielern
5 Min. aufwärts

Mit ein paar einfachen Alltagsdingen könnt ihr euren Kindern helfen, die eigenen Gefühle genauer kennenzulernen und vor allem die eigene Mimik und Gestik zu beobachten.

Ihr braucht:

- Verschiedene kleine und große Spiegel oder Gegenstände, in denen man sich spiegeln kann
- Lupen
- Eventuell Gefühlskarten, siehe Tipp S. 150

So geht's:
Setzt euch mit einem Korb voller Spiegel und Lupen zusammen. Verwendet gern auch große Wandspiegel und kreative „Spiegel" wie etwa ein Backblech aus Edelstahl oder einen großen Löffel.

Zieht eine Gefühlskarte oder nennt ein Gefühl und versucht, dieses mit eurer Mimik darzustellen. Betrachtet euch dann in den verschiedenen Spiegeln und nehmt einzelne Teile eures Gesichts dabei genau unter die Lupe – im wahrsten Sinne des Wortes.

EXPERTENTIPP

Gedächtnis und Gefühle sind eng miteinander verknüpft. Daher bleiben uns Dinge leichter in Erinnerung, die wir mit Emotion verknüpfen. Beobachte dein Kind: Welche Gefühle sind typisch für deinen Schatz? Womit hat dein Kind gerade zu kämpfen? Wut oder Freude? Neugier oder Angst? Indem du die Gefühle deines Kindes benennst und auch über deine eigenen Emotionen sprichst, hilfst du ihm, seine Bedürfnisse in Worte zu fassen und gibst ihm eine gute Basis für die Entwicklung seines Gedächtnisses. So lernt dein Kind, dass Gefühle nicht abstrakt sind. Je mehr du mit deinem Kind über Gedanken und Gefühle sprichst, desto besser kann es seine eigenen Gefühle ausdrücken. Das heißt konkret, spiegle, was passiert und formuliere so neutral wie möglich, was du wahrnimmst.

ANDERE WAHRNEHMEN

Es ist ein Entwicklungsprozess, seine Mitmenschen wahrzunehmen und zu verstehen, dass deren Gefühle und Gedanken nicht den eigenen entsprechen müssen. Die sogenannten Spiegelneuronen, die sich zwischen dem 3. und 4. Lebensjahr vollständig ausbilden, ermöglichen uns, Gefühle und Handlungen unserer Mitmenschen nachzuvollziehen. Kinder sind ab diesem Alter in der Lage, Empathie, Mitgefühl und Fürsorge zu entwickeln.

Die nachfolgenden Beschäftigungsideen schulen die Beobachtungsgabe deines Kindes und bieten ihm Möglichkeiten, die Perspektive anderer einzunehmen und sich in andere Menschen hineinzuversetzen.

PANTOMIME

ab 2 Spielern
5 Min. aufwärts

Gefühle pantomimisch darzustellen scheint eigentlich ganz einfach zu sein. Für Kinder (und viele Erwachsene) ist es aber gar nicht so leicht! Seid gespannt, wie es eurem Kind gelingt.

Ihr braucht:
- Gefühlskarten, siehe Tipp S. 150

So geht's:
Die Spieler ziehen der Reihe nach eine Gefühlskarte und stellen das Gefühl, ganz ohne Worte, pantomimisch mittels Gestik und Mimik dar. Die anderen Spieler versuchen, das dargestellte Gefühl zu erraten.

Schwierige Variante:
Seid ihr geübt, könnt ihr verschiedene Szenen, in denen es um Gefühle geht, pantomimisch darstellen. Einfache Beispiele wären:
- Jemand verschläft und ist gestresst.
- Beim Essen fällt ein Teller runter, der Spieler reagiert wütend.
- Die Person hat Geburtstag, packt ein Geschenk aus und freut sich.
- Und vieles mehr

DAS DIRIGENTENSPIEL

ab 4 Spielern
10 Min. aufwärts

Bei diesem amüsanten Gruppenspiel ist eine genaue Beobachtungsgabe entscheidend.

So geht's:
Ein Spieler wird zum Beobachter bestimmt. Während dieser den Raum kurz verlässt, wählen die Kinder einen anderen Mitspieler zum Dirigenten. Der Beobachter wird wieder in den Raum geholt.

Alle Spieler starten mit der Emotion „Freude" und stellen diese mit ihrer Mimik dar. Der Dirigent stellt nun nacheinander weitere Gefühle dar, welche die übrigen Mitspieler so schnell wie möglich nachahmen.

Aufgabe des Beobachters ist, den Dirigenten durch genaues Hinsehen zu enttarnen. Je nach Gruppengröße darf er bis zu dreimal raten. Liegt er richtig, hat er das Spiel gewonnen. Wenn nicht, hat die Gruppe gewonnen.

Danach wird der nächste Spieler zum Beobachter und das Spiel beginnt von vorn.

DAS SPIEGELSPIEL

ab 2 Spielern
5 Min. aufwärts

Bei diesem Partnerspiel geht es um genaues Beobachten und Nachahmen.

So geht's:
Setzt euch gegenüber an einen Tisch. Ein Mitspieler stellt verschiedene Gefühle mimisch dar. Der andere Spieler ist sein Spiegel und macht die Emotionen so detailgetreu wie möglich nach. Nach jeder Darstellung einer Emotion versucht der „Spiegel-Spieler", diese zu benennen, und es wird besprochen, ob er richtig liegt.

Variante:
Ihr könnt dieses Spiel auch als Bewegungsspiel ausprobieren. Dazu stellt ein Spieler Gefühle mit dem ganzen Körper dar, stampft z. B. wütend auf den Boden, setzt sich dann mit sturem Blick hin, verschränkt die Arme etc. Der zweite Spieler imitiert ihn so genau wie möglich und versucht zu erraten, um welche Emotion es sich handelt.

GEFÜHLSCOLLAGE

ab 1 Spieler
20 Min. aufwärts

Bei dieser kreativen Aktion entsteht ein cooles Gemeinschaftswerk zu den Emotionen.

Ihr braucht:
- Alte Zeitschriften und Zeitungen
- Schere, Kleber
- Ein möglichst großes Blatt Papier (z. B. DIN A2)

TIPP

Verwendet die Collage später, um über die unterschiedlichen Emotionen zu sprechen. Welches Gesicht zeigt welche Emotion? Was könnte diese Person gerade sagen oder denken? Was könnte sie erlebt haben?

So geht's:
Sucht in Zeitschriften und Zeitungen nach Gesichtern, die unterschiedliche Emotionen zeigen. Klebt alle positiven Emotionen auf die linke Hälfte eures Blattes, alle negativen Gefühle auf die rechte Seite. So entsteht nach und nach eine wunderbare Gefühlscollage, welche den Kindern die vielen unterschiedlichen Facetten unserer Gefühlswelt verdeutlicht.

Die Forschung ist sich einig: Kinder brauchen vertraute Bezugspersonen, die feinfühlig und sensibel auf ihre Bedürfnisse eingehen. Erst wenn sich dein Kind sicher fühlt, wird ein ungezwungenes Miteinander möglich. Du bist das wichtigste Vorbild für dein Kind. Jedes Mal, wenn dein Kind dich beobachtet und dir zuhört, während du über deine Gedanken und Gefühle sprichst, lernt es, dass andere Menschen eine andere Sicht auf die Welt haben. Es versteht nach und nach, dass seine Gedanken und Bedürfnisse nicht das Einzige sind, was zählt. Das ist die Grundlage dafür, dass wir Beziehungen zu anderen Menschen eingehen können.

GEFÜHLSDETEKTIVE

ab 2 Spielern
5 Min. aufwärts

Schlüpft in die Rolle geheimer Gefühlsdetektive und geht den Geschichten eurer Bilderbücher auf den Grund.

Ihr braucht:
- Verschiedene Bilderbücher
- Eventuell Papierfähnchen und Stift

So geht's:
Blättert gemeinsam in euren bekannten Bilderbüchern und macht euch auf die Suche nach unterschiedlichen Gefühlen. Wo entdeckt ihr Angst? Wo Freude oder Ekel? Markiert die einzelnen Seiten z. B. mit kleinen Fähnchen, auf die ihr die jeweiligen Emotionen gezeichnet habt.

TIPP

Versetzt euch in die Rolle der jeweiligen Buchcharaktere. Wie würde es euch in den jeweiligen Situationen gehen? Wie würdet ihr Situationen lösen?

MIT ANDEREN INTERAGIEREN

Bahnen sich die ersten Freundschaften und Beziehungen zu anderen Kindern an, werden soziale Regeln immer wichtiger, denn sie bestimmen unser menschliches Miteinander. Die folgenden Spielideen zum Mitfühlen und Mitdenken zeigen deinem Kind, was sich zwischen Menschen abspielt und dass im Miteinander auch die Gedanken, Gefühle und Vorstellungen anderer zu berücksichtigen sind.

Wichtige Regeln, die Kinder bald lernen, sind teilen und sich abzuwechseln. Auch hierfür findet ihr auf den folgenden Seiten passende Spielideen.

VERTRAUEN AUFBAUEN – DER BESONDERE PARCOURS

ab 2 Spielern
10 Min. aufwärts

Könnt ihr euch blind aufeinander verlassen? Bei diesem Spiel könnt ihr es ausprobieren.

Ihr braucht:
- Decken, Polster, Sessel ...
- Tuch oder Schal als Augenbinde

So geht's:
Baut gemeinsam einen kleinen Parcours durch ein Zimmer mit zusammengerollten Decken, Polstern und Sesseln. Nun werden einem Spieler die Augen verbunden. Der zweite Mitspieler nimmt ihn an der Hand und führt ihn langsam durch den Parcours – über die Decken und Polster und im Slalom um die Sessel herum. Das führende Kind leitet auch mündlich an und führt den blinden Mitspieler so über die Hindernisse. Danach werden die Rollen getauscht.

Beide Aufgaben in diesem Spiel sind nicht einfach. Das Kind mit verbundenen Augen muss einem anderen Menschen die Kontrolle überlassen und Vertrauen entgegenbringen. Der führende Spieler hat die große Verantwortung, seinen Schützling gut durch den Parcours zu leiten. Er muss achtsam sein und sprachlich gut anleiten.
Beide Spieler machen wertvolle soziale Erfahrungen und entwickeln ihre emotionalen Fähigkeiten weiter.

EXPERTENTIPP

Im Alter von 3–5 Jahren ist dein Kind bereit zu teilen. Aber nicht jedes Kind teilt gern. Gib deinem Kind Zeit. Es muss erst den Unterschied zwischen Weggeben für kurze Zeit oder für immer verstehen lernen. Lebe das Teilen und sich Abwechseln vor, denn dein Kind lernt, wie gesagt, durch Nachahmung. Erinnere es vielleicht auch an eine Situation, in der es selbst einmal etwas haben wollte. Hilf ihm, Wörter zu benutzen, um seine Bedürfnisse auszudrücken.

KOMPLIMENTE VERTEILEN: DINGE, DIE ICH AN DIR MAG

ab 2 Spielern
5 Min. aufwärts

Komplimente fühlen sich wie eine warme Dusche für die Seele an und bringen Menschen näher zusammen. Probiert es aus!

So geht's:
Setzt euch gemeinsam hin und macht es euch gemütlich. Vielleicht dreht ihr entspannende Musik auf und bereitet euch eine Tasse Tee oder Kakao zu. Ihr könnt als Einstimmung auch ein schönes Buch lesen.

Sobald eine angenehme Atmosphäre erreicht ist, sprecht ihr gemeinsam über das Thema „Komplimente". Was ist ein Kompliment? Wie fühlt sich ein Kompliment an?

Anschließend setzt sich einer von euch in die Mitte. Die anderen Mitspieler im Kreis denken nun intensiv an die Person in der Mitte und überlegen sich je drei Komplimente für sie. Anschließend werden die Komplimente ausgesprochen. Benutzt hierfür die direkte Anrede und haltet Blickkontakt. „Ich finde es toll, dass du so gut Radfahren kannst!" „Du kuschelst so gern mit mir, das gefällt mir!" „Du bist so lustig, wir lachen so viel gemeinsam. Das mag ich sehr!" Ihr werdet sehen, mit jedem Kompliment wird das Kind in der Mitte ein Stück wachsen. Es tut so gut, nette Worte zur eigenen Person zu hören! Der Spieler in der Mitte nimmt ebenfalls Blickkontakt auf und bedankt sich für die einzelnen Komplimente.

Jede Person im Kreis darf einmal in der Mitte sitzen und Komplimente entgegennehmen.

TIPP

Ihr könnt diese Übung in ein festes Familienritual verwandeln und beispielsweise einmal pro Woche praktizieren.

„VIELEN DANK, HERR KELLNER!"

ab 2 Spielern
20 Min. aufwärts

Bei diesem lustigen Rollenspiel wird spielerisch das Teilen sowie ein höflicher Umgang miteinander geübt.

Ihr braucht:

- Ein großes Stück Pappe
- Schere, Stift, Lineal
- Bastelmaterial zum Verzieren, Kleber

Bastelanleitung:
Für dieses Spiel benötigt ihr eine Torte aus Pappe: Schneidet dafür einen großen Kreis aus Karton aus und teilt diesen mit Lineal und Stift in acht gleich große Segmente. Dies sind eure acht Kuchenstücke. Schneidet sie aus und verziert sie mit Bastelmaterial wie Papierkügelchen, Glitzer, Pompons oder bemalt sie.

So geht's:
Euer Esstisch ist das Restaurant. Ein Spieler stellt den Kellner dar. Nun braucht ihr acht Gäste. Sind zu wenig Kinder anwesend, setzt einfach Kuscheltiere als Gäste an den Tisch. Der Kellner hat nun die Aufgabe, jeden Gast mit einem Stück Kuchen zu versorgen: „Hier bitte, ihr Kuchenstück!" Die Gäste bedanken sich beim Kellner. Ist ein Stofftier-Gast an der Reihe, bedankt sich einer der anderen Gäste für ihn.

Bei diesem Spiel kann dein Kind ungezwungen das Verteilen und Aufteilen üben und setzt es so hoffentlich im Alltag leichter um.

Eine sehr gute Möglichkeit, um soziale Umgänglichkeiten und die Selbstregulation (also die Fähigkeit, eine frustrierende Emotion auszuhalten und abklingen zu lassen) zu üben, sind regelbasierte Spiele wie Puzzeln, Memory, Kartenspiele oder Brettspiele. Einfache Brettspiele gibt es bereits ab 3 Jahren. Spielerisch üben die Kinder, einfache soziale Regeln einzuhalten, wie beispielsweise ihre eigenen Bedürfnisse für einen Moment zurückzustellen, Konkurrenz und Frustrationen zu ertragen, sich abzuwechseln, Kompromisse einzugehen und vieles mehr.

EINS FÜR DICH, EINS FÜR MICH!

ab 2 Spielern
10 Min. aufwärts

Etwas zu teilen bzw. gerecht aufzuteilen ist ein schwieriger sozialer Lernprozess für Kinder (siehe Expertentipp auf S. 159). Bei diesem Spiel haben die Kinder die Möglichkeit, dies in einem ungezwungenen Rahmen bei einem Rollenspiel zu üben. Durch die gewonnene Erfahrung fällt ihnen teilen mit der Zeit auch im Alltag leichter.

Ihr braucht:
- Zwei Puppen/Spielfiguren
- Knöpfe

Stelle zwei Puppen oder andere Spielfiguren sowie eine kleine Dose mit ein paar Knöpfen bereit. Erzähle dem Kind nun eine Geschichte: „Oh schau mal, mein Schatz! Paul und Frida haben Streit! Beide möchten mit den schönen Knöpfen basteln und sie diskutieren, wer die Dose haben darf!" Du kannst die Szene nun auch mit den Puppen spielen. Lass die beiden so richtig streiten!

Frage dein Kind dann, ob es eine Lösung für das Problem hat. Wahrscheinlich wird dein Kind den Vorschlag machen, die Knöpfe gerecht zu verteilen. Ansonsten leite es an, bis es auf diese Idee kommt.

Nun darf dein Kind den beiden Puppen helfen, die Knöpfe gerecht zu verteilen. Besprecht auch, wie sich die beiden Puppen im Verlauf des Streits und bei seiner Auflösung fühlen.

Variante – sich abwechseln
Nutzt verschiedene Püppchen und eine Spielzeugrutsche, um das Abwechseln spielerisch zu üben. Gib deinem Kind wie oben wieder eine Problemstellung vor (z. B. alle Kinder wollen rutschen, aber das größte Püppchen drängelt sich immer vor) und lass dein Kind die Situation lösen bzw. leite es dazu an. (Lösung: Die Puppen wechseln sich ab und halten eine Reihenfolge ein.) Spielt die Lösung gemeinsam durch.

Denk dir viele weitere Spielsituationen aus, bei denen die Figuren etwas teilen und sich abwechseln.

TIPP

Variiert das Spiel mit anderen Spielfiguren und Gegenständen.

KAPITEL 7

VORBEREITUNG AUF DIE GRUNDSCHULE

Mit der Schulzeit beginnen große Veränderungen. Kinder müssen still sitzen und aufmerksam zuhören und auch Zahlen und Buchstaben lernen. Natürlich lernen sie das Rechnen und Schreiben in der ersten Klasse. Doch dafür sind gewisse Vorläuferfähigkeiten wichtig. Du kannst dein Kind liebevoll auf die spannende Schulzeit vorbereiten und zudem Fähigkeiten wie Geduld und Selbstständigkeit fördern.

MATHEMATISCHE VORLÄUFER-FÄHIGKEITEN ZUM RECHNENLERNEN

Spielerische Erfahrungen mit Formen, Längen, Mustern, Zahlen und Mengen bilden die Grundlage für die mathematische Kompetenz. Du kannst dein Kind dabei unterstützen zu verstehen, dass auch Zahlen Symbole sind und dass die Prinzipien der Mathematik universell sind. Hat ein Kind den Zauber der Mathematik erkannt, kann es die Welt besser strukturieren und ordnen.

In diesem Kapitel findest du Spiele, die die Lust am Denken fördern und mit denen dein Kind die geordnete Welt der Zahlen und Mengen, Formen, Längen und Muster entdecken kann.

Mathematik ist abstraktes Denken, das man bei jedem Kind ganz ohne Mathebuch fördern kann.

DEN RAUM ERLEBEN UND RAUM-LAGE ERFASSEN

Im Kapitel Wahrnehmung haben wir uns bereits mit der räumlichen Wahrnehmung beschäftigt. An dieser Stelle gehen wir noch etwas tiefer. Denn eine gute Raum-Lage-Wahrnehmung bildet die Grundlage beim rechnerischen Denken, hilft aber auch beim Unterscheiden bestimmter Zahlen (6/9, 69/96) und Buchstaben (b/d, p/q).

Die räumliche Wahrnehmung beschreibt die Fähigkeit, die Anordnung von unterschiedlichen Gegenständen in Bezug zu sich selbst, zueinander oder zu einem anderen Körper zu erfassen. Kinder entwickeln diese Fähigkeit schon sehr früh, nämlich wenn sie beginnen, Gegenstände zu greifen und in den Mund zu stecken – zuerst noch unbewusst, später immer sicherer und zielgerichteter. Sobald dein Kind anfängt, sich im Raum zu bewegen, wächst das Raum-Lage-Verständnis weiter. Wie bewege ich mich? Wie bewegen sich andere Dinge und in welcher räumlichen Beziehung steht das zueinander?

Neben vielfältigen Bewegungserfahrungen muss ein Kind ein gutes Gefühl für seinen Körper entwickeln. Diesen zu kennen und bewusst zu spüren ist eine wichtige Voraussetzung für die Orientierung im Raum. Schau hierfür gern noch mal in das Kapitel 3 (Die schönsten Spiele für die Konzentration).

Die nachfolgenden Spielideen fördern eine ausgeprägte Raum-Lage-Orientierung. Gleichzeitig lernen die Kinder Lokaladverbien/Präpositionen wie vorn/hinten, oben/unten, links/rechts, auf/unter, innen/ außen etc. kennen.

BEWEGUNGSSPIEL MIT PRÄPOSITIONEN

ab 2 Spielern
5 Min. aufwärts

Bei diesem Bewegungsspiel werden die unterschiedlichen Präpositionen, die auditive Konzentrationsfähigkeit und schnelles Reaktionsvermögen geübt.

Ihr braucht:
- Einen Gymnastikreifen oder Schal pro Spieler
- Musik oder ein Musikinstrument

So geht´s:
Verteilt die Gymnastikreifen im Raum. Alternativ könnt ihr Schals verwenden. Bindet die beiden Enden zusammen und legt die Schals als Kreise im Raum aus. Schon geht`s los:

Die Spieler laufen zu Musik durch den Raum. Stoppe die Musik und mache eine Lokalangabe (neben, oben, unten, hinter, vor, in, auf ...). Die Kinder laufen zu einem Reifen oder Schal und positionieren sich dann entsprechend: Bei „unten“ legen sie sich unter den Reifen, bei „in“ stellen sie sich hinein, bei „hinter“ stellen sie sich dahinter etc.

Sobald alle Kinder richtig stehen, wird die Musik wieder eingeschaltet, die Kinder laufen weiter und warten auf die nächste Anweisung.

NAVIGATIONSSPIEL

ab 2 Spielern
10 Min. aufwärts

Nahezu jeder Erwachsene besitzt eine Navigations-App oder ein Navigationsgerät. Bei diesem Spiel dürfen die Spieler das Navigationsgerät sein und ihren Spielpartner mit Anweisungen durch den Raum leiten.

Ihr braucht:

- Tuch oder Schal als Augenbinde
- Kleine Zettel
- Bleistift

Vorbereitung:
Malt euch, je nachdem, wo ihr das Spiel ausführt, verschiedene Ziele auf kleine Kärtchen. Spielt ihr im Garten, können solche Ziele z. B. die Schaukel, die Kellertür oder das Blumenbeet sein. Ihr benötigt etwa 5–10 Ziele.

So geht´s:
Gespielt wird jeweils zu zweit. Ein Spieler ist das Navigationsgerät, der andere Spieler hört genau zu und versucht, die Anweisungen richtig zu befolgen. Dies ist besonders schwierig, weil ihm die Augen verbunden werden. Der navigierende Spieler zieht ein Kärtchen, überlegt sich, wie er seinen Partner zu diesem Ziel führt und gibt ihm konkrete Anweisungen: „Gehe drei Schritte geradeaus. Jetzt dreh dich nach links und gehe fünf Schritte geradeaus. Noch einen kleinen Schritt und nun drehst du dich leicht nach rechts!" Das Spiel ist beendet, wenn der Spieler mit den verbundenen Augen das Ziel erreicht hat. Nun werden die Rollen getauscht.

Beide Spieler machen hier wertvolle Erfahrungen bezüglich der Raumorientierung: Der navigierende Spieler muss seine räumlichen Vorstellungen sprachlich umsetzen. Der andere Spieler muss gut zuhören und die Anweisungen korrekt ausführen. Da der Sehsinn aufgrund der Augenbinde ausfällt, werden die übrigen Sinne besonders trainiert.

Eine gute Raum-Lage-Orientierung hilft Kindern, sich später in der Schule gut im Heft zu orientieren. Überschrift ganz oben, dazwischen eine leere Zeile, dann folgt der Text – für Kinder mit ausgeprägter Raum-Lage-Fähigkeit ist das kein Problem.

DAS SPIELZEUGREGAL

ab 2 Spielern
15 Min. aufwärts

Spielzeug einzuräumen ist bei der folgenden Spielidee gar nicht so einfach. Man muss genau zuhören, sich orientieren und reagieren. Schafft ihr das?

Ihr braucht:
- Ein möglichst großes Plakat aus Papier
- Ein Lineal
- Einen schwarzen Marker
- Korb mit diversem Spielzeug

Vorbereitung:
Zu Beginn wird das Spielzeugregal auf Papier vorbereitet. Malt auf das Plakat ein Raster mit neun gleich großen Quadraten, jeweils drei Reihen mit drei Quadraten.

So geht`s:
Legt das aufgemalte Spielzeugregal vor euch auf den Boden und stellt den Korb mit den Spielsachen daneben. Ein Spieler übernimmt die Rolle des Spielleiters und gibt vor, welche Gegenstände in welches Regalfach eingeräumt werden sollen: „Die Puppe mit den roten Haaren kommt in das mittlere Fach in der zweiten Reihe. Der Teddy soll ins Fach über der Puppe." Die übrigen Mitspieler hören konzentriert zu und versuchen abwechselnd, die Dinge richtig einzusortieren.

Variante:
Ihr könnt alternativ auch ein „richtiges" Regal bauen. Besorgt euch dafür neun quadratische gleich große Schachteln (z. B. Geschenkschachteln oder kleine Schuhschachteln) und klebt diese im Raster 3 x 3 aufeinander. Malt das Regal mit Fingerfarben an oder beklebt es mit buntem Papier. Mit einem „echten" Regal macht das Spiel noch mehr Spaß!

KNIFFLIGE BAUWERKE NACHBAUEN

ab 2 Spielern
10 Min. aufwärts

Bei dieser Idee werden eure Kinder zu kleinen Baumeistern, die kreative Bauwerke in 3-D erstellen. Beim gegenseitigen Nachbauen wird besonders die Raum-Lage-Orientierung trainiert.

Ihr braucht:
- Knete
- Zahnstocher

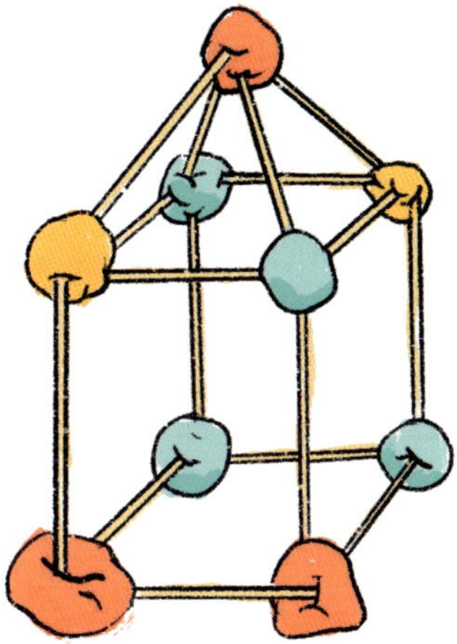

So geht`s:
Formt aus Knete viele kleine Kugeln und verbindet diese mit den Zahnstochern. Auf diese Weise könnt ihr Quader und vielseitige Bauwerke bauen.

Ein Spieler übernimmt die Rolle des Künstlers und baut ein Gebäude vor. Wenn er fertig ist, haben die anderen Spieler die Aufgabe, sein Bauwerk nachzubauen.

Variante:
Möchtet ihr das Spiel etwas schwieriger gestalten, dann deckt das Gebäude des Künstlers nach zwei Minuten ab. So müssen die Spieler das Bauwerk aus dem Gedächtnis nachbauen.

LUFTMALEREI

ab 2 Spielern
15 Min. aufwärts

Bei der Luftmalerei werden durch große Bewegungen der gesamte Körper und die Verknüpfung der unterschiedlichen Gehirnhälften gefördert. Auch genaues Zuhören, Konzentration und Körperwahrnehmung werden geschult.

So geht`s:
Bei dieser Übung gibt ein Spielleiter künstlerische Anweisungen zur Zeichnung von Symbolen, Formen oder Bildern vor. Die anderen Mitspieler führen diese mit einem unsichtbaren Stift aus und malen in die Luft:

„Male ein großes Viereck in die Luft. Obendrauf kommt ein Dreieck. Jetzt ist ein Haus entstanden. Links neben dem Haus steht ein großer Baum. Male vom Boden nach oben einen dicken Stamm. Obendrauf sind lange Äste und Blätter. Strecke dich hoch in die Luft, um viele Blätter malen zu können!" etc.

Tauscht nach einigen Minuten die Rollen, sodass jeder Spieler einmal Anweisungen geben darf.

Variante:
Ihr könnt mit einem unsichtbaren Stift zeichnen und malen, aber auch mit der ganzen Handfläche, mit den Füßen, der Nase oder mit beiden Händen. Den taktilen Sinn und die Körperwahrnehmung fördert ihr besonders, wenn den Malern die Augen mit einem Tuch oder einem Schal verbunden werden.

ORDNEN UND SORTIEREN

Ordnen und Sortieren – also Klassifizieren – ist die Fähigkeit, Dinge nach unterschiedlichen Merkmalen einteilen zu können, beispielsweise nach Form oder Farbe. Das schult das logische Denken, ist eine Voraussetzung, um Zusammenhänge zu verstehen, und ist für spätere Rechenprozesse sehr wichtig, denn auch dabei muss klassifiziert werden. (Einteilung in Einer und Zehner, in rote und blaue Würfel etc.) Zusätzlich könnt ihr die Fähigkeit des Klassifizierens auch im Alltag üben.

TIPP

Klassifizieren lässt sich z. B. auch beim Aufräumen üben. „Wohin gehört das Spielzeugpferd? Genau, zu den Tieren. Hilf mir doch beim Geschirrspüler ausräumen! Suche alle Gabeln heraus. Sortierst du mit mir die Wäsche? Hosen kommen auf einen Stapel, Pullover auf einen anderen."

GEMEINSAMKEITEN FINDEN

ab 2 Spielern
15 Min. aufwärts

Bei diesem Spiel werden verschiedene Gegenstände nach unterschiedlichen Kriterien sortiert. Hierbei merken die Kinder, wie viele Gemeinsamkeiten die unterschiedlichen Dinge doch haben.

Ihr braucht:

- Einen Korb voller Alltagsgegenstände (z. B. je 5 Spielsachen, Küchenutensilien, Bastelsachen, Kleidungsstücke ...)

So geht`s:
Seht euch gemeinsam die verschiedenen Gegenstände an und benennt sie. Bitte nun dein Kind, die Gegenstände zu sortieren. Beobachte es dabei und versprachlicht gemeinsam, nach welchem Merkmal es sortiert, z. B. nach Oberbegriffen (Spielzeug, Küchenutensil, Kleidungsstück ...), nach Farbe oder nach Form.

Leite dein Kind nach dem ersten Sortiervorgang an, nach einer anderen Kategorie zu sortieren: „Haben die unterschiedlichen Gegenstände noch andere Gemeinsamkeiten?" „Ja, der Schal und die Schere sind beide rot." „Na, dann lass uns mal nach Farben ordnen."

Sortiert die Dinge nach möglichst vielen Kategorien (Farbe, Form, Beschaffenheit etc.). Je älter dein Kind ist, umso schwieriger können die Kategorien sein (z. B. Anzahl der Silben, Hauptmaterial etc.).

Variante:
Ihr könnt die Gegenstände auch der Größe nach ordnen - z. B. von klein nach groß – oder sie abwiegen und nach Gewicht sortieren. Hier wird dann die Fähigkeit der Seriation (siehe ab S. 178) geübt.

DIE POST AUSTRAGEN

ab 2 Spielern
15 Min. aufwärts

Bei diesem Spiel schlüpft ihr in die Rolle eines Postboten und ordnet Briefe den richtigen Häusern zu.

Ihr braucht:
- Etwa 15 Briefumschläge
- Papier in DIN A4
- Stifte

Vorbereitung:
Bevor es losgeht, werden die Häuser und Briefumschläge gestaltet. Malt auf fünf Blätter Papier je ein großes Haus und nummeriert diese mit einer großen Ziffer von 1 bis 5. Verteilt die Häuser dann im Wohnzimmer.

Nun werden auch die Briefumschläge von 1 bis 5 durchnummeriert. Steckt die Briefe in eine Tasche und schon kann es losgehen.

So geht`s:
Das Kind bekommt die Tasche und darf den Postboten spielen. Es nimmt einen Brief heraus, betrachtet die Ziffer darauf, die in unserem Fall die Adresse ist, macht sich dann auf die Suche nach dem richtigen Haus und stellt den Brief zu. Dies wird mit allen Briefen wiederholt. Sind alle Briefe ausgetragen, darf der Postbote Feierabend machen und der nächste Spieler ist der Postbote.
Ist das Spiel zu einfach, könnt ihr die Ziffernreihe erweitern. Kennt euer Kind noch keine Ziffern, könnt ihr die Häuser und Umschläge stattdessen mit Farbpunkten oder unterschiedlichen Symbolen gestalten.

TIPP

Platziert bei jedem Haus ein Stofftier und übt bei der Zustellung Sprachdialoge: Das Kind als Postbote klingelt an der Tür: „Guten Tag, ich bringe Ihnen die Post!" Du übernimmst die Rolle des Hausbewohners. Achtet bei euren Dialogen besonders auf einen höflichen Umgang.

UMRISS-SPIEL

ab 1 Spieler
20 Min. aufwärts

Dieses einfache Umriss-Spiel könnt ihr mit vielen verschiedenen Gegenständen umsetzen und so immer wieder neue Vorlagen für eure Kinder zaubern.

Ihr braucht:
- Verschiedene Alltagsgegenstände (z. B. Stein, Löffel, Baustein, Stift, Becher, Spielzeugtier)
- Ein Blatt Papier
- Buntstifte
- Ein Körbchen

So geht`s:
Zeichne die Umrisse der ausgewählten Gegenstände auf ein Blatt Papier. Lege die Gegenstände dann in ein Körbchen. Dein Kind hat nun die Aufgabe, die Gegenstände den passenden Umrissen zuzuordnen.

Farben-Variante:
Nehmt verschiedenfarbige Duplo- oder andere Bausteine und malt ihre Umrisse in den entsprechenden Farben auf das Blatt Papier. Es entsteht ein Bild mit bunten Formen. Dann ordnen die Kinder die Bausteine den einzelnen Formen zu. Gleichzeitig können sie die Farbadjektive üben.

WIR GEHEN AUF FORMENSUCHE

ab 2 Spielern
15 Min. aufwärts

Formen sind ein wichtiger Bestandteil der Mathematik. Im Alltag erleben Kinder überall Formen und lernen diese meistens schon sehr bald kennen. Bei der Formensuche könnt ihr die Begriffe noch mal ausgiebig üben.

Ihr braucht:
- Buntes Papier in DIN A3
- Schere
- Bleistift

Vorbereitung:
Schneide einen Kreis, ein Dreieck und ein Viereck möglichst groß aus Papier aus. Klebe die Formen in verschiedene Ecken des Zimmers.

So geht`s:
Seht euch die Formen genau an und besprecht, wie sie heißen und welche Merkmale sie aufweisen. Macht euch dann in eurem Haus auf die Suche nach genau diesen Formen. Hat ein Spieler einen passenden Gegenstand gefunden, bringt er ihn zu der entsprechenden Form und begleitet seine Handlung sprachlich: „Der Untersetzer kommt zum Kreis, weil er rund ist." Das Spiel kann beliebig lange fortgesetzt werden.

REIHEN BILDEN UND FORTSETZEN SOWIE SERIATION

Seriation ist die Fähigkeit, Dinge der Größe nach in absteigender oder aufsteigender Reihenfolge zu ordnen (zum Beispiel von 1–10). Kinder brauchen diese Fähigkeit später im Mathematikunterricht, um Mengen nach ihrer Mächtigkeit ordnen zu können. Den Grundstein dafür kann man bereits im Kindergartenalter legen, indem man den Kindern die Gesetzmäßigkeit hinter einer Reihenfolge vermittelt (z. B. immer eine rote und zwei blaue Perlen im Wechsel) und das Kind lernt, die Reihe richtig fortzusetzen.

Mit den nachfolgenden Spielen könnt ihr dies trainieren.

LECKERE OBSTSPIEßE

ab 2 Spielern
20 Min. aufwärts

Obstspieße sind richtig lecker und schmecken vermutlich jedem (Kind). Bei der folgenden Übung sollen die Obstspieße in einer bestimmten Reihenfolge aufgespießt werden, was die Fähigkeit des Fortsetzens einer Reihe sowie die Feinmotorik trainiert.

Ihr braucht:

- Holzspieße
- drei oder vier Obstsorten
- Schneidebrett, Messer

So geht`s:
Zuerst bereitet ihr das Obst vor – waschen, ggf. schälen und in mundgerechte Happen schneiden.

Nun könnt ihr die Obstspieße zubereiten. Der Erwachsene beginnt und gibt eine Reihenfolge vor, indem er einige Obststücke aufspießt – z. B. Banane, Apfel, zwei Weintrauben. Nun ist das Kind an der Reihe und setzt die Reihenfolge genauso fort. Dies wird so lange wiederholt, bis der Spieß voll ist. Nun kann das Kind einen weiteren Spieß in der vorgegebenen Reihenfolge zubereiten oder du bzw. das Kind überlegt sich eine neue Reihenfolge. Lasst euch die Spieße anschließend gut schmecken!

TIPP

Statt den Anfang eines Spießes zu stecken, kannst du die gewünschte Reihenfolge auch aufzeichnen. Diese Variante ist etwas schwieriger, da das Kind die Anleitung auf Papier auf den Fruchtspieß übertragen muss. Das schult die Kompetenz des Planlesens.

DAS KUNTERBUNTE REIHENSPIEL

ab 2 Spielern
20 Min. aufwärts

Bei dieser Übung entsteht durch viele verschiedene Reihenfolgen eine kunterbunte Collage. Neben den mathematischen Vorläuferfähigkeiten werden hier Feinmotorik, Ausdauer und Konzentration geübt.

Ihr braucht:

- Ein großes Plakat
- Klebeband
- Einen dicken Stift
- Kleine Boxen mit verschiedenen Materialien (Muggelsteine, Kronkorken, Holzstäbchen, Perlen, Steine, Kastanien ...)

Vorbereitung:
Klebt das große Plakat mit Klebeband auf den Tisch, sodass es nicht mehr verrutschen kann. Malt nun mit dem dicken Stift verschiedene Linien auf. Seid dabei kreativ und malt beispielsweise eine gerade Linie, eine Spirale, eine Zick-Zack-Linie, eine wellenförmige Linie etc. Auf diesen Linien entstehen später die kunterbunten Reihen.

So geht`s:
Lege am Anfang jeder Linie eine Reihe (z. B. Muggelstein, Kastanie, 2 Stäbchen oder Kronkorken, 2 Perlen, Stein). Die Kinder haben nun die Aufgabe, die Reihen zu erkennen und diese mit dem passenden Material die gesamte Linie entlang zu verlängern.

Variante: Perlenketten malen
Ihr könnt auch ein Malspiel daraus machen. Malt viele schwarze Linien auf ein A4-Papier. An den Anfang jeder Linie malst du nun eine Reihe verschiedenfarbiger Perlen (1 rote Perle, 2 grüne, 1 blaue o. Ä.) Dein Kind darf nun die restlichen Perlen entsprechend der vorgegebenen Reihenfolge aufmalen.

PAPIERSTREIFEN ORDNEN

ab 1 Spieler
10 Min. aufwärts

Schätzen, vergleichen, ordnen – viele Kompetenzen, die man im Alltag immer wieder braucht, werden hier spielerisch trainiert.

Ihr braucht:
- Buntes Papier
- Lineal
- Schere

Vorbereitung:
Schneidet etwa zehn bunte Papierstreifen zu. Diese sollen alle dieselbe Breite haben, aber unterschiedlich lang sein.

So geht`s:
Dein Kind versucht nun, die Papierstreifen der Länge nach zu sortieren, also vom längsten zum kürzesten oder umgekehrt. Achtet darauf, eure Handlungen auch zu versprachlichen: „Der grüne Streifen ist länger als der rote, aber kürzer als der lila Streifen, also lege ich ihn dazwischen. Den gelben Streifen schneide ich ganz kurz und dann lege ich ihn außen neben den roten etc."

TIPP

Diese Übung könnt ihr mit den unterschiedlichsten Dingen machen (z. B. Ästen, Wollfäden, Grashalmen, Schals ...).

Aktivitäten wie Wiegen und Abmessen, z. B. beim gemeinsamen Backen und Kochen, helfen deinem Kind, die Grundlagen des Zählens zu verstehen und ein Verständnis für Mengen und Teile, die sich zu einem Ganzen zusammenfügen, zu entwickeln. Außerdem bekommt es ein Gefühl für verschiedene Maßeinheiten.

BLITZSPIEL: BEWEGUNGSSERIEN WIEDERHOLEN

ab 2 Spielern
5 Min. aufwärts

Bei diesem schnellen Spiel für zwischendurch geht es um genaues Zuhören, das Einprägen einer Reihenfolge und korrektes Nachahmen und Umsetzen.

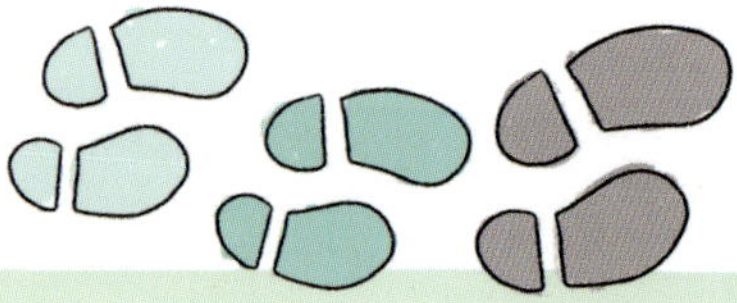

So geht`s:
Ein Spieler gibt eine Bewegungsfolge vor, z. B.: zweimal Stampfen, einmal Klatschen und zwei Schritte nach vorn gehen. Die übrigen Spieler versuchen, sich die Bewegungsfolge zu merken und mehrmals nacheinander zu wiederholen, möglichst im selben Rhythmus. Der Reihe nach darf sich jeder Spieler eine Bewegungsfolge ausdenken, die dann von den anderen mehrmals nachgeahmt wird.

WAS FEHLT?

ab 2 Spielern
5 Min. aufwärts

Bei diesem Spiel werden die Würfelbilder geübt und das Ordnen der Würfelbilder nach ihrer Mächtigkeit. Ein gewisses Mengenverständnis ist für dieses Spiel erforderlich.

Ihr braucht:
- Karton
- Schere, Lineal
- Bleistift, Filzstift
- Ein Säckchen/eine Fühlbox

Vorbereitung:
Schneide sechs Kärtchen à 5 cm x 5 cm aus dem Karton aus und male die Würfelbilder auf die Karten.

So geht`s:
Gib alle sechs Kärtchen in das Säckchen oder die Box. Dein Kind holt fünf der sechs Karten heraus und legt sie – beginnend mit der kleinsten Augenzahl – in der richtigen Reihenfolge vor sich hin. Nun wird überlegt, welches Würfelbild an welcher Stelle in der Reihe fehlt. Holt zum Schluss das letzte Kärtchen aus dem Sack und prüft, ob die Überlegung richtig war. Legt das Kärtchen an seinen Platz und wiederholt zum Schluss die gesamte Zahlenreihe.

Nun werden alle Karten wieder ins Säckchen gelegt und der nächste Spieler ist an der Reihe.

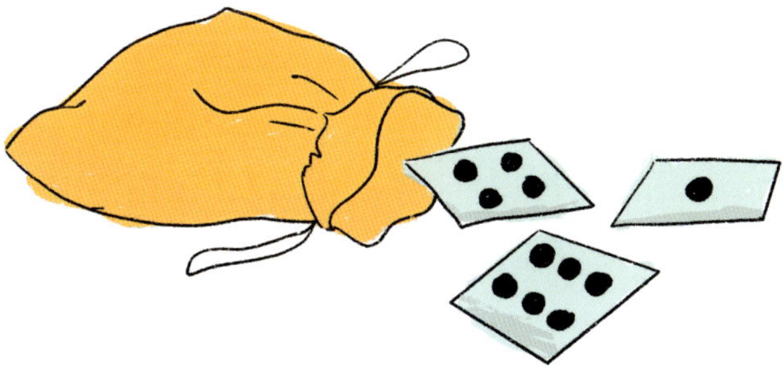

EXPERTENTIPP

Der Alltag bietet tolle Gelegenheiten, mathematische Kompetenzen zu üben, z. B. das Tischdecken: „Haben wir für jeden von uns schon eine Tasse? Nein, da fehlt ja noch eine. Ach, dafür ist hier aber ein Teller zu viel!“ Bei all diesen kleinen Feststellungen findet im Kopf des Kindes abstraktes Denken statt: Es sieht die Personen vor seinem inneren Auge, zählt sie und vergleicht, ob für jede Person eine Tasse und ein Teller vorhanden sind. Dann folgt die Überlegung, wie viel man noch braucht oder was bereits zu viel ist.

ZÄHLSTATION BIS 10

ab 1 Spieler
30 Min.

Diese selbst gemachte Zählstation ermöglicht deinem Kind vielfältige spielerische Zähl- und Mengenerfahrungen. Durch die aufsteigende Reihenfolge wird hier die Fähigkeit der Seriation besonders gefördert.

Ihr braucht:

- 10 Klorollen
- Karton
- Heißklebepistole
- Filzstifte
- 55 etwa 10 cm lange Stöckchen

Bastelanleitung:
Klebt zuerst mithilfe der Heißklebepistole die 10 Klopapierrollen seitlich aneinander. Messt die Länge und Breite eurer Klorollen-Reihe, rechnet an jeder Seite etwa 0,5 cm hinzu, schneidet aus dem Karton diese Fläche aus und klebt dann die Klorollen-Schlange darauf. Man kann nun oben in jede Rolle etwas hineinstecken.

Nummeriert die Klorollen mit einem Filzstift von 1 bis 10. Legt die 55 Stöckchen in einem kleinen Körbchen bereit. Schon ist eure Zählstation fertig.

So geht`s:
In jede Klorolle wird nun die passende Anzahl Stöckchen gesteckt, beginnend bei der Ziffer 1 mit einem Stöckchen bis zur Ziffer 10 mit zehn Stöckchen. Die Kinder erleben dabei handlungsorientiert und anschaulich, dass in einer Zahlenreihe die Menge immer um eins größer wird.

Nutzt die Zählstation vielseitig:

- Die Station von hinten nach vorn befüllen.
- Die Station von 5 ausgehend in beide Richtungen befüllen.
- In jede Klorolle vier Stöckchen stecken, dann überlegen, wie viele in den einzelnen Rollen zu viel oder zu wenig sind und passend ändern.
- Station füllen, aber einen Fehler einbauen, den das Kind finden soll.

ZÄHLEN UND MENGEN ERFASSEN

Dein Kind kann im Alter von 3 Jahren vielleicht schon auswendig bis zehn zählen, aber es hat wahrscheinlich noch keine genaue Idee davon, was diese Reihenfolge und die Zahlen wirklich bedeuten. Über das Berührungszählen (jeder abgezählte Gegenstand wird berührt oder zur Seite geschoben) bekommt dein Kind langsam ein Gefühl für den Zusammenhang zwischen Ziffern und deren Mengen.

Gleichzeitig entsteht eine Vorstellung von Mengen und Größen: Was ist viel, was ist wenig? Wo sind mehr/weniger? Was ist gleich viel?

Mit den folgenden Spielen kannst du das Mengen-, Ziffern- und Zahlenverständnis deines Kindes spielerisch trainieren.

BERÜHRUNGSSPIEL

ab 2 Spielern
5 Min. aufwärts

Bei diesem bewegungsorientierten Spiel werden die Würfelbilder geübt und die zugehörigen Mengen mit dem Körper dargestellt.

Ihr braucht:
- Einen Würfel
- Musik

TIPP

Überlegt euch viele originelle Posen für die einzelnen Würfelbilder. So macht das Spiel besonders viel Spaß!

So geht`s:
Alle Kinder tanzen zur Musik. Gleichzeitig wird ein Würfel weitergegeben. Stoppt die Musik, würfelt das Kind, das den Würfel gerade in den Händen hält. Alle Kinder berühren den Boden nun mit genauso vielen Körperteilen, wie der Würfel anzeigt. Zeigt der Würfel eine Eins, stellen sie sich beispielsweise auf einen Fuß. Zeigt der Würfel eine Fünf, berühren zum Beispiel beide Füße, beide Knie und eine Hand den Boden. Machen die Kinder es richtig? Dann wird die Musik wieder eingeschaltet und es geht in die nächste Runde.

WIE VIELE AUGEN SIEHST DU? MENGEN ERFASSEN MIT WÜRFELBILDERN

Das Erkennen der Augen auf einem Würfel ist ein erster Schritt, um Mengen zu erfassen. Dein Kind lernt, dass wenige Augen eine kleinere und viele Augen eine größere Menge abbilden. Manche Kinder entdecken bereits mit etwa 3 Jahren die Lust am Würfel, andere zwischen 4–6 Jahren. Probiere es einfach aus.

So kannst du dein Kind unterstützen:
Untersuche gemeinsam mit deinem Kind verschiedene Spielwürfel. Führe zunächst Farbwürfel ein:

- Wie viele Farbpunkte siehst du auf dem Würfel?
- Welche Farben haben die Punkte?
- Welche dieser Farben magst du am liebsten? Mal schauen, ob du sie erwürfelst!

Wenn dein Kind das Konstrukt „Würfel" verstanden hat, führe einen Augenwürfel ein:

- Wie viele Seiten hat der Würfel?
- Schau auf die Würfelseite, die oben liegt. Wie viele Punkte/Augen sind darauf zu sehen?
- Wie viele Punkte sind auf der gegenüberliegenden Würfelseite?
- Schaffst du es, alle Punkte auf dem Würfel zusammenzuzählen?

Achtung:
Die Fragen sollen Neugierde wecken und Freude machen. Passe die Anforderung daher an den Entwicklungsstand deines Kindes an, um es nicht zu überfordern.

Übung macht den Meister
Je öfter dein Kind hört, mit welcher Zahl ein bestimmtes Würfelbild in Verbindung steht, desto leichter prägt es sich das Würfelbild ein. Dein Kind kann die Anzahl der Würfelaugen zunächst auch mithilfe seiner Finger darstellen. Nach und nach fällt es ihm leichter, die Augenzahl zu erfassen, und schon bald wird dein Kind die Würfelbilder auswendig können. Es merkt sich beispielsweise, dass das Bild mit einem Punkt in der Mitte und je einem Punkt in den Ecken „5" bedeutet.

MENGEN ERFÜHLEN

ab 2 Spielern
5 Min. aufwärts

Bei diesem Spiel konzentrieren sich die Spieler auf ihre taktile Wahrnehmung. Mengenverständnis und zählen werden ebenso trainiert.

Ihr braucht:
- Ein Säckchen/eine Fühlbox
- Muggelsteine und Kronkorken

So geht`s:
Der Erwachsene befüllt das Säckchen mit Muggelsteinen. Verwende eine Menge, die dein Kind gut zählen kann.

Das Kind versucht nun, die Muggelsteine im Säckchen nur mithilfe der Hände und des Tastsinns zu zählen. Es nimmt die Muggelsteine nicht aus dem Säckchen heraus, sondern legt die gleiche Menge an Kronkorken auf den Tisch.

Richtig gezählt? Zur Kontrolle darf das Kind nun die Muggelsteine aus dem Säckchen holen und den Kronkorken zuordnen.

Variante:
Gib viele Muggelsteine ins Säckchen. Verbinde deinem Kind die Augen. Gib nun eine Zahl vor und bitte dein Kind, die entsprechende Anzahl an Muggelsteinen aus dem Säckchen zu holen. Um zu kontrollieren, nimmt dein Kind die Augenbinde ab und zählt nach.

TIPP

Wie immer gilt – schaffe Abwechslung. Verwende verschiedene Gegenstände zum Erfühlen von Mengen (z. B. Knöpfe, Muscheln, Steine, Spielzeugtiere, Filzkugeln ...)

REGENWOLKEN-ZÄHLSPIEL

ab 1 Spieler
10 Min. aufwärts

Bei diesem Spiel werden die Regenwolken mit der passenden Menge Regentropfen ausgestattet. Neben Mengen- und Zählerfahrung werden hier Konzentration und Feinmotorik geschult.

Ihr braucht:
- Blaues Tonpapier
- Schere, Stift
- Verpackungsflips oder Wattekugeln
- Eine Küchenpinzette

Vorbereitung:
Schneidet 10 Wolken aus dem blauen Papier aus und schreibt in jede eine Zahl von 1 bis 10.

So geht`s:
Verteilt die Wolken großzügig auf dem Boden und stellt eine Schüssel mit Verpackungsflips oder Wattekugeln bereit – dies sind die Regentropfen. Das Kind hat nun die Aufgabe, mithilfe einer großen Pinzette jede Wolke mit der passenden Anzahl an Regentropfen auszustatten. Dafür nimmt es mit der Pinzette einen „Regentropfen" und legt ihn auf die Wolke. Dies wird so lange wiederholt, bis auf jeder Wolke die passende Anzahl an Tropfen liegt.

Tisch-Variante:
Für die Variante am Tisch zeichnet ihr 10 Wolken auf ein Blatt Papier, nummeriert sie wie oben und steckt das Blatt in eine Klarsichthülle. Stellt einen Becher Wasser bereit und legt eine Pipette dazu. Euer Kind tröpfelt nun die passende Anzahl an Wassertropfen auf die Wolken. Dank der Klarsichthülle könnt ihr die Tropfen immer wieder abwischen und die Übung wiederholen, sooft ihr möchtet.

ENTDECKERSPAZIERGANG

ab 2 Spielern
30 Min. aufwärts

Macht doch einen eurer nächsten Spaziergänge zu einem mathematischen Entdeckerspaziergang! Genießt die Natur und beschäftigt euch ganz nebenbei mit Zahlen und deren Dokumentation.

Ihr braucht:
- Ein Klemmbrett (siehe Tipp)
- Ein Blatt Papier
- Einen Stift

So geht`s:
Beim Entdeckerspaziergang halten wir die Augen offen und zählen verschiedene Dinge. Vereinbart etwa drei bis fünf Dinge, die ihr auf eurem Spaziergang zählen möchtet, wie z. B. Straßenschilder, Schmetterlinge, Strommasten, Hausnummern, Gartenzäune, Kühe, Kastanien, Fahrräder etc.
Wählt sinnvolle Objekte aus, die es auf eurer Route zu entdecken gibt, die aber nicht im Überfluss vorhanden sind. Im Wald die Anzahl der Bäume oder in der Stadt die Anzahl an Autos zu zählen, ist beispielsweise unsinnig.

Malt die gewählten Dinge auf das Blatt Papier und klemmt dieses auf euer Klemmbrett. Schnappt euch einen Stift und schon geht es ab nach draußen.

Haltet nun während eures Spaziergangs die Augen nach den Dingen auf der Liste offen. Entdeckt ihr eines, macht ihr einen Strich beim richtigen Symbol. Am Ende des Spaziergangs könnt ihr die Striche zählen und wisst nun, wie viele der einzelnen Sachen ihr auf eurem Weg entdeckt habt.

Basteltipp: Klemmbrett
Ein Klemmbrett könnt ihr euch ganz einfach selbst machen. Nehmt festen Karton und schneidet ein Rechteck aus, das etwa 2 cm länger und 2 cm breiter ist als das Format DIN A4. Steckt eine Wäscheklammer oben auf den Rand und schon ist euer Klemmbrett bereit.

ANZAHL ERHÖREN

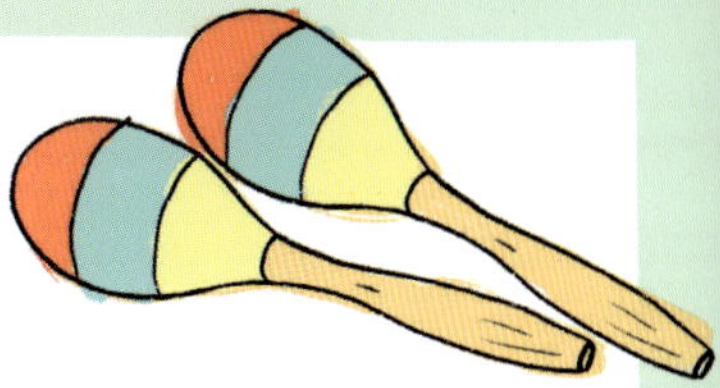

ab 2 Spielern
5 Min. aufwärts

Bei diesem Spiel ist die auditive Konzentrationsfähigkeit gefragt sowie ein gutes Mengenverständnis. Auch Konzentration ist wichtig.

Ihr braucht:

- Ein Musikinstrument (Rassel, Trommel o. Ä.)
- Muggelsteine oder Steine
- Tücher oder Schals als Augenbinden für alle Mitspieler

So geht`s:

Ein Spieler wird zum Musikanten bestimmt. Er bekommt das Musikinstrument. Den übrigen Spielern werden die Augen verbunden. Vor jedem von ihnen liegt eine Schale mit zehn Steinen.

Der Musikant schlägt oder spielt sein Instrument nun zwischen 1- und 10-mal. Die anderen Spieler haben die Aufgabe, gut mitzuzählen und für jeden gehörten Ton einen Stein aus der Schale auf den Tisch zu legen. Am Ende der Runde werden alle Augenbinden entfernt und alle Steinhaufen miteinander verglichen. Haben alle Spieler die richtige Anzahl an Tönen gehört?

Besprecht das Ergebnis und bestimmt dann einen neuen Musikanten. Anschließend kann das Spiel von vorn beginnen.

EXPERTENTIPP

Ein wichtiger Schritt in der kindlichen Entwicklung ist das Verständnis der Invarianz. Invarianz bezeichnet die Erkenntnis, dass eine Menge in ihrer Anzahl gleichbleibt, auch wenn sie in der räumlichen Verteilung verändert wurde. Einfach gesagt: Egal, ob ich fünf Birnen dicht nebeneinander oder weit auseinander hinlege oder ob ich ein Muster damit mache: fünf bleiben fünf. Probiere es aus und finde heraus, ob dein Kind dieses Verständnis bereits entwickelt hat. Spätestens zum Schuleintritt sollte es erlangt worden sein.

ZÄHLSPIELE MIT STRAßENKREIDEN

ab 2 Spielern
15 Min. aufwärts

Straßenkreiden eignen sich nicht nur, um kreativ zu sein, sondern auch für vielfältige Lernerfahrungen. Zum Üben der Ziffern, Mengen und der Zahlreihe könnt ihr folgende Übungen machen.

- Schreibe die Zahlen von 1 bis 10 groß in einer Reihe auf den Boden. Dein Kind hüpft nun die Zahlreihe entlang und zählt laut mit. Als Steigerung kann es zurückhüpfen und dabei rückwärts zählen.
- Schreibe die Zahlen von 1 bis 10 durcheinander auf.
  - Dein Kind versucht, die einzelnen Ziffern von 1 bis 10 zu finden und die Zahlreihe aufsteigend oder absteigend zu hüpfen.
  - Du nennst eine Ziffer, dein Kind sucht diese möglichst schnell und hüpft darauf.
  - Stellt euch zu den einzelnen Zahlen und hüpft die passende Anzahl an Sprüngen oder macht genauso viele Kniebeugen.
  - Dein Kind malt neben jede Ziffer die passende Anzahl an Punkten.
- Die Zahlen von 1 bis 10 sowie die entsprechenden Mengen werden aufgezeichnet. Dein Kind verbindet die Ziffer mit der richtigen Menge.

TIPP

Nutzt die großen Ziffern für Nachspurübungen. Lass dein Kind die Ziffern mit Steinen oder Kastanien nachlegen, mit Spielzeugautos nachfahren oder mit Straßenkreiden nachschreiben.

SCHRIFTSPRACHLICHE VORLÄUFERFÄHIGKEITEN ZUM SCHREIBENLERNEN

Jede Aktivität, die dein Kind mit Buchstaben vertraut macht und die Vorläuferfähigkeiten für das Lesen und Schreiben fördert, unterstützt es auf seinem Weg zur Schriftsprache.
In diesem Kapitel stellen wir dir Spielideen vor, die wichtige Grundlagen für das Lesen und Schreiben einüben und die kindliche Neugier auf das geschriebene Wort lenken.

Literacy

Unter Literacy verstehen wir sämtliche Formen der Literatur (Sachbücher, Liederbücher, Gedichte, Reime, Fingerspiele, Romane, Märchen etc.) und sämtliche Formen der Schrift bzw. Sprache. Das Kind entdeckt, dass es unterschiedliche Formen der Sprache gibt – zu Hause wird anders gesprochen als im Kindergarten. Kinder reden untereinander anders als Erwachsene. Märchen klingen ganz anders als ein moderner Comic.

Führe dein Kind in die Welt der Bücher, Buchstaben und Geschichten ein, um es in Kontakt mit der Schriftkultur zu bringen. Vorlesen ist eine wunderbare Art, sich geistig anzuregen und einander nahe zu sein.

Lesen, Lesen, Lesen: Mache das gemeinsame Lesen zum festen Bestandteil eures Familienlebens. Das wird deinem Kind ein Leben lang zugutekommen.

Die kunterbunte Leseecke

Achte auf eine große Vielfalt in eurem Leseregal. Neben dem klassischen Bilderbuch zum Vorlesen gibt es viele wertvolle Buchschätze: Sachbücher, Märchenbücher, Comics, Gucklochbücher, Mitmachgeschichten, Bildgeschichten, Bücher ohne Text zum Philosophieren, Wimmelbücher, Hörbücher, Fantasiereisen, Gedichtbände für Kinder etc.

Richtet euch eine gemütliche Leseecke mit Sitzmöglichkeiten, Polstern, Kuscheltieren und angenehmem Licht ein. Sprecht während und nach dem gemeinsamen Lesen über die Figuren und die Geschichten und frage dein Kind, was es darüber denkt. So werden das gemeinsame Lesen und Anschauen von Büchern jedes Mal zu einem Erlebnis.

Neben dem gemeinsamen Lesen von Büchern entdecken die Kinder die Bedeutung der geschriebenen Worte, wenn wir beispielsweise einen Beipackzettel eines Medikaments, eine Gebrauchsanleitung oder ein Kochrezept lesen. Es ist natürlich, dass Kinder im Vorschulalter großes Interesse daran haben, die Zeichen und Symbole der Erwachsenen zu entschlüsseln. Dieses natürliche Interesse dürfen wir nutzen und unseren Kindern Zugang zu verschiedenen Schreib- und Lesekulturen ermöglichen.

Am Vorbild lernen: Wenn dein Kind dich beim Lesen und Schreiben im Alltag beobachten kann, lernt es bereits viel über den Einsatz von Büchern, Stift und Zettel.

EXPERTENTIPP

Besucht regelmäßig eine Bibliothek in eurer Nähe und leiht unterschiedliche Literatur aus. Besucht Lesungen von Kinderbuchautoren, Kasperltheater oder Theatervorstellungen für Kinder. Bei all diesen Erlebnissen erweitert ihr die literarische Welt eures Kindes immens. Diese wundervollen Erlebnisse eignen sich beispielsweise auch als Geschenk zum Geburtstag und anderen Anlässen.

Eine Schreibecke einrichten Mit ein paar einfachen Utensilien kannst du deinem Kind auch eine motivierende Schreibecke einrichten. Dort kann dein Kind freie und angeleitete Kritzel- und Schreiberfahrungen machen. Dabei geht es nicht um das Schreiben von Wörtern, sondern vor allem darum, deinem Kind die Möglichkeit zu geben, sein eigenes Interesse am Lesen und Schreiben zu stillen. Vielleicht will es Buchstaben nachzeichnen oder seinen Namen schreiben, etwas malen, Wörter abschreiben oder Comics zeichnen? Eine Schreibecke wird die Kreativität und die Entdeckerlust deines Kindes beflügeln.

Statte die Schreibecke deines Kindes z. B. mit folgenden Materialien aus:

- Verschiedenen Arten von Papier
- Notizbüchern, Schreibblöcken, alten Kalendern
- Stiften aller Art
- Lineal, Spitzer
- Radiergummi
- Klebezetteln, Stickern, Etiketten

SCHRIFTZEICHEN IM ALLTAG FINDEN

ab 2 Spielern
10 Min. aufwärts

Wörter sind überall. Mache dein Kind darauf aufmerksam und fördere so ganz von selbst die Motivation deines Kindes am Entdecken der Schriftsprache.

So geht`s:
Macht euch gemeinsam auf die Suche nach bestimmten Schriftzeichen im Alltag. Buchstaben lassen sich beispielsweise bei Ausflügen an Fensterscheiben von Geschäften, in Supermärkten, in Büchern, Zeitschriften, Postkarten, auf Schildern oder an Bushaltestellen finden. Lass dein Kind bereits bekannte Buchstaben benennen und lies deinem Kind die Botschaften vor.

Besonders interessierte Kinder können ein Klemmbrett mit Papier und Bleistift mitnehmen und die Schriftzeichen abmalen.

Kreative Variante:
Sucht und schneidet aus Zeitschriften und Katalogen Buchstaben oder Zahlen aus und macht kunterbunte Collagen daraus. Klebt z. B. alle gleichen Buchstaben zusammen (alle Ms, Os, Rs etc.) oder klebt Namen und Wörter, die dein Kind spannend findet, auf ein Blatt Papier. Später kann die Collage immer wieder gemeinsam betrachtet und besprochen werden. Bald wird dein Kind einige Abschnitte davon kennen und diese Wörter und Buchstaben anderen Personen „vorlesen".

GEMEINSAMES BESCHRIFTEN

ab 2 Spielern
10 Min. aufwärts

Beschriftungen im Alltag fallen Kindern immer wieder ins Auge – Mama, was steht da? Papa, was heißt das? Nutze diese Neugierde und gestalte gemeinsam mit deinem Kind bunte Beschriftungen für eure Wohnung.

Ihr braucht:

- Holzschilder oder Pappe
- Tonpapier oder Moosgummi
- Etiketten
- Stifte, Marker, Bastelmaterialien zum Verzieren

So geht`s:

Überlegt euch, wo in eurer Wohnung ihr sinnvolle Namenszüge und andere Schriftzüge anbringen könnt. Gestaltet beispielsweise Beschriftungen von Kisten, Türen und Behältnissen (Zahnputzbecher, Gewürze, Spielregale etc.). Nutzt Holzschilder, Pappschilder oder Etiketten, schreibt gemeinsam die jeweiligen Bezeichnungen darauf und malt Symbole dazu. Verziert die Schilder mit Bastel-Deko und malt sie bunt an.

Bald schon werden deinem Kind gleiche Buchstaben und Ähnlichkeiten in Wörtern auffallen. Sein natürlicher Entdeckerdrang wird dazu führen, dass ihr euch über Buchstaben und Wörter austauscht und deinem Kind die vorher fremden und nichtssagenden Symbole immer vertrauter werden.

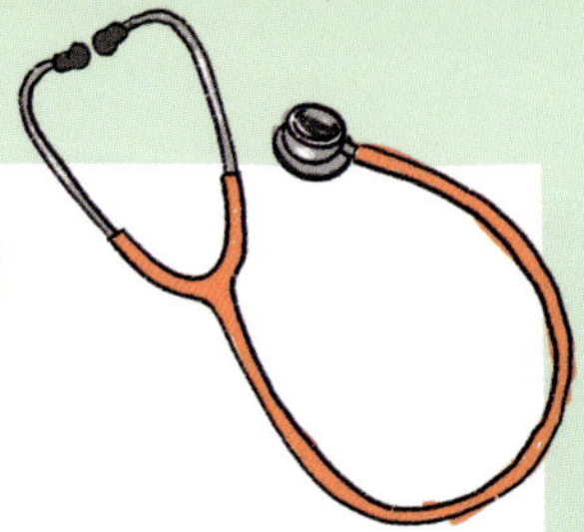

ROLLENSPIEL – ARZTBESUCH

ab 2 Spielern
30 Min. aufwärts

Im Kapitel zur Sprachentwicklung haben wir erfahren, wie wichtig Rollenspiele für die sprachliche und emotionale Entwicklung sind. Auch die Fähigkeit der Literacy wird bei Rollenspielen besonders trainiert – wie bei der folgenden Spielidee.

Ihr braucht:

- Verkleidung für den Arzt (z. B. weißer Bademantel, altes weißes Hemd)
- Mullbinden oder ein altes Geschirrtuch
- Eventuell einen Arztkoffer oder Alltagsgegenstände, die Arztinstrumenten ähneln

Vorbereitung:
Als Einstimmung auf das Rollenspiel könnt ihr die Arztpraxis gemeinsam einrichten. Habt ihr einen Spielzeugarztkoffer zu Hause, könnt ihr diesen gern nutzen. Ansonsten verwendet kreative Dinge aus dem Alltag für eure Praxis. Schneidet zum Beispiel ein altes Geschirrtuch in Streifen und nutzt sie als Mullbinden zum Verbinden von „Wunden". Nutzt aufbewahrte saubere Eisstiele als Mundspatel oder einen Löffel als Fieberthermometer. Vielleicht findet ihr eine kleine Taschenlampe und eine Lupe als weitere Instrumente für den Arzt. Seid kreativ beim Gestalten eurer Praxis. Gibt es eine Creme, die du nicht verwendest? Dann nutzt diese doch für die Praxis!

Nicht die perfekten Spielmaterialien und Accessoires machen ein gelungenes Rollenspiel aus, sondern die Hingabe und Fantasie der Mitspieler.

So geht`s:
Spielt nun abwechselnd den Arzt und den Patienten. Der Patient denkt sich kleine Verletzungen oder Krankheiten aus. Der Arzt behandelt den Kranken, versorgt die Wunden mit Creme, kühlt Stoßverletzungen mit einem nassen Waschlappen etc.

Achte auf passende Wortphrasen und eine höfliche Anrede mit „Sie". Dein Kind wird mit hoher Wahrscheinlichkeit deinen Tonfall und deine Art des Sprechens übernehmen. Schon seid ihr mitten in der Literacy-Förderung, bei der es unter anderem um unterschiedliche Formen des Sprechens geht.

WUNSCHLISTE ERSTELLEN

ab 2 Spielern
20 Min. aufwärts

Listen und Tabellen finden wir im Alltag überall. Kinder begreifen schnell, dass solche Listen die Organisation des Alltags erleichtern und sind gern dazu bereit, eigene Listen zu erstellen. Wie wäre es z. B. mit einer Wunschliste für das nächste Weihnachtsfest, den Geburtstag oder die Einschulung?

Ihr braucht:

- Tonpapier
- Stifte
- Magazine und Kataloge
- Sticker, Pailletten und Co.

So geht`s:
Lass dein Kind überlegen, welche Dinge es sich zum kommenden Fest wünscht. Besprecht je nach Alter des Kindes, dass man sich auch nicht-materielle Dinge wünschen kann, wie beispielsweise einen Ausflug.

Notiert alle Wünsche auf einem schönen Blatt Tonpapier. Du kannst deinem Kind Wörter auf- oder vorschreiben, ihr könnt aber auch Dinge malen oder aus Zeitschriften oder Katalogen ausschneiden und aufkleben. Verziert den Wunschzettel mit Stickern, Pailletten oder anderen Materialien.

Fragt nun jemand dein Kind, was es sich wünscht, kann es seinen Wunschzettel zeigen und Verwandten somit eine Geschenkinspiration bieten.

Variante: Gestaltet gemeinsam Einkaufslisten, Urlaubs-Packlisten etc.

TIPP

Besprecht auch, dass nicht alle Wünsche einer Wunschliste in Erfüllung gehen.

GRAPHOMOTORISCHE ÜBUNGEN

Graphomotorik ist die Fähigkeit, gleichmäßige und fließende Bewegungen beim Schreiben und Malen auszuführen. Neben einer ausgefeilten Feinmotorik ist für den Schreibprozess die richtige Stifthaltung wichtig.

Außerdem müssen Kinder den Druck des Stiftes auf das Papier regulieren und die Muskeln des Armes wohldosiert einsetzen können.

Alle Formen und Muster unserer Schrift setzen sich aus den folgenden Grundelementen zusammen:

- Strichen (waagerecht, senkrecht, diagonal)
- Punkten, Kreisen
- Bögen
- Überkreuzungen
- Girlanden/ Schleifen

Diese dürfen daher bei feinmotorischen und graphomotorischen Übungen gern trainiert werden. So bekommt dein Kind spielerisch bereits ein Gefühl für unsere Schrift. Die nachfolgenden Spielideen sollen dich inspirieren, spielerisch die Graphomotorik deines Kindes zu fördern.

KASTANIEN VERBINDEN

ab 1 Spieler
10 Min. aufwärts

Bei dieser graphomotorischen Übung werden nebenbei die Ausdauer und die Konzentration geschult und die Kreativität gefördert.

Ihr braucht:
- Ein großes Blatt Papier in DIN A3
- Kastanien (oder Kronkorken)
- Stifte

So geht`s:
Verteilt viele Kastanien auf einem großen Blatt Papier. Das Kind hat nun die Aufgabe, die Kastanien durch Linien miteinander zu verbinden. Dies macht es so lange, bis ein kunterbuntes Spinnennetz aus Linien entstanden ist.

Bei dieser Übung muss dein Kind sich nicht nur auf das Verbinden und Malen der Linien konzentrieren, sondern gleichzeitig darauf achten, keine Kastanie zu verschieben. Das ist gar nicht so einfach.

MALEN MIT ZWEI HÄNDEN

ab 2 Spielern
10 Min. aufwärts

Das gleichzeitige Malen oder Schreiben mit beiden Händen ist ein intensives Gehirntraining, da beide Gehirnhälften miteinander vernetzt werden. Die Übung fördert außerdem die Koordination beider Hände sowie die Handgelenksbeweglichkeit.

Ihr braucht:

- Dickes Zeichenpapier in DIN A3
- Klebeband
- Wachsmalkreiden

Vorbereitung:
Klebe für jeden Mitspieler ein Blatt Papier auf den Tisch. Es sollte so nicht mehr verrutschen können. Nun setzt sich jedes Kind vor ein Blatt und nimmt in jede Hand einen Wachsmalstift.

Gib den Kindern verschiedene Anweisungen, die sie mit beiden Händen gleichzeitig ausführen, z. B.:

- Malt spitze Berge!
- Malt viele Kreise!
- Malt schnelle kurze Linien!
- Malt Schlangenlinien!
- Malt viele Eier!
- Malt viele kleine Kringel!
- Malt viele dicke Luftschlangen!
- Und vieles mehr

Variante: Malen zu Musik
Probiert doch mal, zu Musik zu malen. Wieder wird ein Blatt rutschfest auf den Tisch geklebt, die Kinder malen wieder beidhändig. Stell Musik an und bitte die Kinder, im Rhythmus der Musik ihre Stifte übers Papier zu führen. Je nach Musikrichtung werden die Zeichnungen verschieden ausfallen (rockige Musik – Zacken & Striche, ruhige stetige Musik – geschwungene, weiche Linien etc.)

SCHREIBEN MIT ALLEN SINNEN

ab 1 Spieler
je 10 Min. aufwärts

Dass es sinnvoll ist, die Grundelemente der Schrift spielerisch zu üben, haben wir in der Einleitung auf S. 200 bereits erwähnt. Das Schreiben der Symbole mit einem Stift auf Papier ist hierbei der letzte Schritt. Zuvor können die Elemente vielseitig, bewegungsorientiert und mit allen Sinnen geübt und somit ganzkörperlich verinnerlicht werden.

Probiert doch mal folgende Varianten aus:

- Die Grundelemente mit Straßenkreiden aufzeichnen und die Linien nachgehen/-laufen/-hüpfen
- Mit einem Pinsel und Wasser die verschiedenen Elemente auf Asphalt schreiben
- Die Formen in Sand oder Reis schreiben
- Rasierschaum gleichmäßig auf einem Tisch verteilen und die Formen darin schreiben
- Die Elemente mit Steinen, Kastanien, Tüchern etc. legen, danach betasten oder darüberbalancieren
- Die Formen mit Fingerfarben großflächig ans Fenster malen
- Die Elemente mit dem Finger auf den Rücken eines Partners malen
- Und vieles mehr

Basteltipp – Graphomotorische Karten

Für das Schreiben mit allen Sinnen kannst du die Grundelemente der Schrift einzeln auf kleine Kartonkärtchen vorschreiben. Dein Kind kann dann Karten ziehen und genau diese Elemente üben.

PINGUIN MALEN: WIR ÜBEN DIE ACHT

ab 1 Spieler
10 Min. aufwärts

Bei diesem Spiel entsteht eine süße Pinguinzeichnung. Ganz nebenbei wird die Ziffer Acht mit großen Bewegungen geübt. Die Überkreuz-Bewegung trainiert außerdem die Vernetzung beider Gehirnhälften.

Ihr braucht:

- Blaues Tonpapier in DIN A3
- Ölkreiden
- Fingerfarben in Weiß und Orange
- Pinsel

So geht`s:
Nimm das Zeichenblatt senkrecht und male für deinen kleinen Künstler eine große Acht darauf. Dein Kind nimmt nun eine schwarze Ölkreide und zieht die Acht viele, viele Male nach, bis ein dicker Pinguinkörper entstanden ist. Links und rechts an der unteren Kugel werden zwei Striche nach außen ergänzt – die Füße des Pinguins. Im oberen Bereich können Haarsträhnen gemalt werden.

Nun wird das Innere der Kreise mit weißer Fingerfarbe ausgefüllt. Am unteren Rand kann dein Kind eine weiße Schneedecke mit den Fingerspitzen stempeln. Es kann auch viele weiße Schneeflocken drucken. Zum Schluss wird ein Schnabel mit oranger Fingerfarbe ergänzt. Der Pinguin ist fertig!

TIPP

Befestige das Zeichenblatt für das Nachmalen oder Zeichnen gern auch an der Wand. Das Malen im Stehen ist ein tolles Ganzkörpertraining.

MALEN MIT WATTESTÄBCHEN

ab 1 Spieler
10 Min. aufwärts

Nachspurübungen können mit den vielseitigsten Schreibutensilien und Materialien gemacht werden. Habt ihr z. B. schon mal mit Wattestäbchen gemalt? Nein? Dann mal los!

Ihr braucht:

- Papier
- Fingerfarben
- Einen Bleistift
- Wattestäbchen

So geht`s:
Bereite ein graphomotorisches Malblatt für dein Kind vor: Zeichne mit dem Bleistift Formen wie Kreise, Dreiecke oder Rechtecke oder die Grundelemente der Schrift (siehe S. 202) vor. Gib etwas Fingerfarbe auf eine Farbpalette oder ein Stück Karton. Dein Kind nimmt nun ein Wattestäbchen, taucht es in die Farbe und spurt damit die vorgezeichneten Linien nach. Dabei muss es immer wieder Farbe aufnehmen und gleichmäßig verteilen. Das ist gar nicht so einfach und fördert die Feinmotorik sowie die Auge-Hand-Koordination.

EXPERTENTIPP

Kraftvolle Finger und Hände sind fürs spätere Schreiben sehr wichtig. Die Hand- und Fingermuskulatur könnt ihr mit folgenden Übungen spielerisch trainieren:

- *Papierbälle knüllen*
- *Wollknäuel aufrollen*
- *Luftpolsterfolie zerdrücken*
- *Kleine Kugeln aus Knete formen*
- *Wäscheklammern anklammern*
- *Konfetti aufkleben*
- *Murmeln in den Händen rollen*
- *Eine Büroklammerkette machen*
- *Bügelperlenbilder machen*

SELBST GEMACHTE BADEWANNENFARBE

ab 1 Spieler
30 Min. aufwärts

Die Graphomotorik in der Badewanne üben? Ja klar ist das möglich! Mit unserer selbst gemachten Badewannenfarbe kann dein Kind beim nächsten Vollbad tolle Muster, Formen und Schriftelemente an den Wänden der Badewanne entstehen lassen.

Ihr braucht:
- Rasierschaum
- Lebensmittelfarbe
- 6er-Muffinblech oder kleine Schüsselchen
- Pinsel oder Löffel zum Verrühren

So geht`s:
Füllt jede Mulde des Muffinblechs großzügig mit Rasierschaum. In jede Mulde kommen nun zwei, drei Tropfen Lebensmittelfarbe. Diese wird gut mit dem Rasierschaum vermischt. Fertig!

Biete deinem Kind die Farben beim nächsten Bad an und lass es damit die Grundelemente der Schrift auf die Wände der Badewanne malen.

Variante:
Habt ihr keine Badewanne? Dann lasst euer Kind doch die Duschwände verzieren! Nach der graphomotorischen Übung einfach Dusche und Kind abwaschen und schon ist beides wieder sauber.

TIPP

Es gibt unzählige Möglichkeiten, die Fingerfarben zu verwenden:
- Das Kind kann mit verschiedenen Werkzeugen wie feinen/dicken Pinseln, Löffeln, Schwämmen malen.
- Bring Abwechslung ins Spiel, indem dein Kind verschiedene Dinge bemalen darf, z. B. die Badewanne, Fliesen, Badespielsachen, Plastikflaschen und vieles mehr.
- Besonders lustig ist es, sich gegenseitig zu bemalen. Aber Achtung, viele Lebensmittelfarben färben ab! Wascht daher die Badefarbe rasch wieder ab.

PHONOLOGISCHE BEWUSSTHEIT: SPIELE MIT SILBEN

Um Wörter und Sätze lesen und schreiben zu können, müssen wir zuerst in der Lage sein, unsere Aufmerksamkeit auf die klanglichen Eigenschaften von Wörtern zu legen. Dazu gehört, ähnlich klingende Wörter zu unterscheiden, Wörter in Silben zu gliedern, Silben zu Wörtern zu verbinden sowie einzelne Laute zu einem Wort zusammenzuziehen und Wörter in ihre lautlichen Bestandteile zu zerlegen. Diese Fähigkeiten werden unter dem Begriff Phonologische Bewusstheit zusammengefasst.

Mit den Spielideen der nachfolgenden drei Unterkapitel lenken wir die Aufmerksamkeit und die sprachliche Entwicklung der Kinder auf die phonologische Bewusstheit im Bereich Silben, Reime und Laute. Die Kinder filtern jeweils Silben, Reime und/oder Laute eines Wortes heraus und entwickeln so ein Bewusstsein für den Aufbau der Sprache.

Erfahrungsgemäß haben viele Kinder bereits mit drei Jahren ein gutes Gespür für Silben. Das Teilen von Wörtern in Silben ist eine wichtige Vorläuferfähigkeit, um lesen und schreiben lernen zu können.

ROBOTERSPRACHE

ab 1 Spieler
10 Min. aufwärts

Das Zerlegen von Wörtern in Silben ist eine wichtige Voraussetzung für das Lesen- und Schreibenlernen. Mit dem Roboterspiel findet ihr leicht heraus, ob euer Kind das Teilen von Wörtern in Silben schon beherrscht.

Ihr braucht:
- Alte Pappkartons
- Schere
- Material zum Verzieren, wie Washi-Tape, bunte Filzstifte etc.

Vorbereitung:
Bastelt euch aus alten Pappkartons Roboterköpfe. Wählt dafür einen Karton, in den ihr bequem mit eurem Kopf und evtl. dem Oberkörper hineinpasst. Schneidet den Boden des Kartons als Öffnung für euren Kopf ab. Schneidet auch an einer Seite ein ausreichend großes Fenster für Augen und Gesicht frei und schafft je nach Kartongröße rechts und links Öffnungen für eure Arme. Verziert euren Karton nach Belieben und malt ihn an. Schon seid ihr bereit, um als Roboter durch die Wohnung zu stapfen.

So geht's:
Die Spieler bewegen sich nun wie Roboter durch den Raum und sprechen einzelne Wörter oder Sätze ganz abgehackt: „Hal-lo! Mein-Na-me-ist-Ro-bo-ter!" Sprich dies deinem Kind zuerst vor, dann wird es dich intuitiv imitieren. Du hörst sofort, ob diese Fähigkeit bei ihm bereits ausgeprägt ist oder nicht.

Wenn ja: Super! Dann könnt ihr diesen Bereich ganz vielseitig mit den folgenden Spielen üben.

Wenn nein: Baue das Sprechen in der Robotersprache immer mal wieder in den Alltag ein. Du wirst sehen, dass dein Kind den Dreh bald raushat.

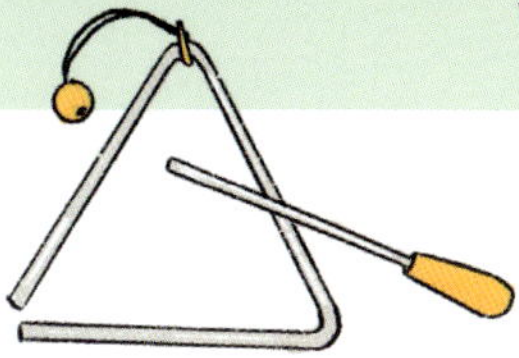

MUSIKALISCHE SILBENREISE

ab 2 Spielern
10 Min. aufwärts

Bei diesem Spiel ist eure Aufmerksamkeit gefragt – denn nur, wer ganz genau hinhört, kann die richtigen Dinge von seiner Silbenreise mitbringen.

Ihr braucht:
- Ein Musikinstrument eurer Wahl

So geht`s:
Bestimmt einen Spielleiter. Dieser spielt sein Instrument mehrmals (am besten ein- bis fünfmal) und gibt so eine Anzahl an Tönen vor. Die Mitspieler machen sich im Raum auf die Reise nach Gegenständen, deren Namen sich aus genauso vielen Silben zusammensetzen wie vorgegeben. Drei Töne oder Trommelschläge bedeuten also, die Spieler machen sich auf die Suche nach Dingen mit drei Silben, wie To-ma-te, Ted-dy-bär oder Kle-be-band.
Die Reise kann sich durch verschiedene Räume ziehen, kann aber auch im Garten oder im Wald veranstaltet werden.

Habt ihr einige Dinge gesammelt, werden diese nochmals benannt und die Silben werden gemeinsam geklatscht oder gehüpft. Danach darf der nächste Spieler einen Auftrag mithilfe des Musikinstruments erteilen.

TIPP

Ihr habt gerade kein Musikinstrument zur Hand? Dann verwendet einfach einen Kochlöffel und einen Kochtopf oder ein Wasserglas und eine Gabel.

Variante:
Musikalische Entdeckungsreise
Womit lässt sich denn eigentlich musizieren? Um diese Frage zu beantworten, macht ihr euch am besten gemeinsam auf eine musikalische Entdeckungstour durch eure Wohnung. Probiert aus, womit ihr Töne erzeugen könnt. Kombiniert Dinge kreativ miteinander und setzt auch euren Körper ein: Wie hört es sich an, wenn ich mit dem Fuß an den Mülleimer klopfe? Was kann ich noch verwenden und wie verändert sich der Ton von Mal zu Mal?

1, 2 ODER 3?

ab 2 Spielern
10 Min. aufwärts

Das Spiel „1, 2 oder 3" kennt der eine oder andere bestimmt aus dem Fernsehen. Die Spieler bekommen Quizfragen und entscheiden sich für eine von drei möglichen Antworten. Bei unserer Variante geht es um die passende Silbenanzahl von Wörtern: Hat das Wort 1, 2 oder 3 Silben? Das Teilen von Wörtern in Silben wird hier also trainiert.

Ihr braucht:
- Papier in DIN A4
- Stift
- Klebeband

Vorbereitung:
Nummeriere drei Blätter Papier groß mit den Ziffern von 1 bis 3. Klebe die drei Zettel nebeneinander an eine Wand.

So geht`s:
Der Spielleiter ruft ein Wort bestehend aus 1, 2 oder 3 Silben. Jeder Spieler überlegt für sich, wie viele Silben das Wort hat, und läuft schnell zum richtigen Schild.

Ruft der Spielleiter beispielsweise „To-ma-te", sausen die Kinder zum Schild mit der Nummer 3. Sobald alle Kinder bei einem Schild stehen, wird das Wort gemeinsam in seine Silben zerlegt (z. B. durch Mitklatschen) und es wird besprochen, welche Kinder richtig stehen.

Dann geht es zurück zum Ausgangspunkt und die Kinder warten auf das nächste Wort.

Profi-Variante:
Klappt das Spiel schon gut? Dann macht doch zusätzlich Schilder mit den Ziffern 4 und 5 und verwendet neben kurzen Wörtern auch längere.

KLEIDERSCHRANK-KLATSCHEREI

ab 2 Spielern
15 Min. aufwärts

Bei diesem Bewegungsspiel werden die Dinge aus dem Kleiderschrank sprachlich genau untersucht. Außerdem wird das Wortfeld rund um Kleidung geübt und die Fähigkeit des Kategorisierens trainiert.

Ihr braucht:
- Verschiedene Kleidungsstücke

So geht`s:
Nehmt unterschiedliche Gegenstände aus dem Kleiderschrank. Benennt die Dinge nacheinander und überlegt jeweils, ob die Wörter kurz oder lang sind. Besprecht dann, wie viele Silben die einzelnen Gegenstände haben und klatscht entsprechend oft in die Hände oder stampft die Anzahl mit den Füßen. Ordnet die Kleidungsstücke in Gruppen mit der gleichen Silbenanzahl.

Variante:
Dieses Spiel könnt ihr mit vielen verschiedenen Gegenständen machen. Untersucht doch mal die Silbenanzahl eurer Bastelmaterialien, der Dinge im Keller oder im Gartenschuppen.

EIN AUSFLUG DURCH DEN ZOO

ab 2 Spielern
10 Min. aufwärts

Bei diesem Spiel darfst du kreativ werden und eine spannende Zoogeschichte erzählen. Dein Kind trainiert nicht nur das Unterteilen von Wörtern in Silben, sondern auch die auditive Konzentrationsfähigkeit.

So geht`s:
Heute macht ihr einen Ausflug in den Zoo. Erzähle deinem Kind eine spannende Geschichte. Die Zuhörer haben die Aufgabe, laut „Stopp!" zu rufen, wenn ein Tier in der Erzählung vorkommt. Dann wiederholen sie den Namen des Tieres und klatschen die Silben mit. Danach wird weitererzählt.

TIPP

Statt zu klatschen könnt ihr die Anzahl der Silben auch hüpfen, patschen, schnipsen oder mit Trommeln oder anderen Instrumenten wiedergeben.

SILBENANZAHL AUSLEGEN

ab 1 Spieler
10 Min. aufwärts

Bei dieser Übung wird die Anzahl der Silben optisch dargestellt. Hier werden Sprache, Mathematik und Bewegung miteinander verknüpft.

Ihr braucht:

- Einen Korb mit unterschiedlichen Gegenständen
- Steine, Perlen oder Kronkorken

So geht`s:
Dein Kind hat die Aufgabe, jeweils einen Gegenstand aus dem Körbchen zu nehmen und diesen zu benennen. Es legt den Gegenstand auf den Tisch und überlegt, aus wie vielen Silben das Wort besteht. Dann legt es die entsprechende Anzahl an Steinen oder Kronkorken unter den Gegenstand. Dies wird mit allen Dingen aus dem Korb wiederholt.

Variante: Wer findet das längste bzw. kürzeste Wort?
Bei dieser Variante werden die Bilder oder Gegenstände offen ausgelegt. Ziel ist es, die Wörter mit den wenigsten und den meisten Silben zu finden. Hier wird das Verständnis für Wortlängen geschult.

DIE WÖRTERSCHLANGE

ab 2 Spielern
10 Min. aufwärts

Das Manipulieren von Silben ist eine hohe Kunst. Dabei bekommen die Kinder einen Einblick in die Wortstruktur. Gleichzeitig werden die auditive Merk- und Konzentrationsfähigkeit geschult.

So geht`s:
Das erste Wort wird vorgegeben, z. B. „Schokoeis". Der nächste Mitspieler bildet nun ein Wort mit der letzten Silbe, z. B. „Eismaschine". Nun erfindet der nächste Spieler ein Wort mit der letzten Silbe (= ne), zum Beispiel „Nebel". Und munter geht es weiter, zum Beispiel „bellen" für die letzte Silbe „bel" und „Lenkrad" für die letzte Silbe (len). Ist die Schlange hier zu Ende oder fällt jemandem ein Wort mit „Rad-" ein?

Variante: Silben vertauschen
Nenne ein Wort, aber vertausche dabei die Reihenfolge der Silben: „gen-Re- gen-bo" (Regenbogen). Wer erkennt das Wort trotzdem?

SPIELE MIT REIMEN

Reime machen den meisten Kindern Freude und haben eine positive Wirkung auf die Sprachentwicklung. Die Kinder bekommen ein Gefühl für die eigene Stimme und den Rhythmus der Sprache und lernen, Wörter zu verändern. Außerdem helfen Reime bei der Entwicklung einer Rechtschreibstrategie (lieb – Sieb -> beide Wörter enthalten ein langes „ie" weil bei beiden Wörtern der Laut /i/ gleich lang gesprochen wird).

Wir haben einige Reime, Klatsch- und Fingerspiele bereits im Kapitel ab S. 123 zur Sprachentwicklung vorgestellt. Dort geht es vor allem um die Freude an der Sprache, um das rhythmisierende Nachsprechen und die Merkfähigkeit. In Bezug auf die phonologische Bewusstheit sind der spielerische Umgang und das eigenständige Bilden von Reimen wichtig. Dies trainieren wir mit den nachfolgenden Spielen.

BLITZSPIEL: WER WIRD REIMMEISTER?

ab 2 Spielern
10 Min. aufwärts

Bei diesem lustigen Wortspiel könnt ihr gemeinsam kreativ mit Sprache experimentieren.

Ihr braucht:
- Eine Stoppuhr

So geht`s:
Du nennst ein Wort und dein Kind findet in einer Minute so viele Reimwörter wie möglich. Dabei zählen nicht nur sinnvolle Wörter, sondern auch so genannte „Nonsense-Wörter". Wichtig ist nur, dass sich die Wörter reimen.

Beispiel: Dose - Hose, Mose, Rose, Tose, Lose ...

Nach einer Minute werden die Rollen getauscht. Für jedes Reimwort gibt es einen Punkt. Wer die meisten Punkte gesammelt hat, gewinnt und wird Reimmeister.

FANGEN UND REIMEN

ab 3 Spielern
10 Min. aufwärts

Bei diesem Bewegungsspiel werden Koordination, Reaktionsfähigkeit und das Finden von Reimen trainiert.

Ihr braucht:
- Einen Ball

So geht`s:
Die Spieler stellen sich im Kreis auf. Ein Mitspieler nimmt den Ball in die Hand und beginnt, indem er ein Wort (z. B. „Hund!") ruft und den Ball dann einem anderen Spieler zuwirft. Dieser fängt, bildet ein passendes Reimwort („Mund!") und wirft den Ball weiter. Auch der nächste Spieler versucht, ein Reimwort zu finden („Rund!"), und wirft den Ball wieder weiter. Der Ball wird so lange geworfen, bis ein Spieler kein neues Reimwort mehr findet. Dieser darf nun eine neue Reimwortkette mit einem anderen Wort beginnen.

SPIELIDEEN MIT REIMWÖRTER-KARTEN

REIMKARTEN

ab 2 Spielern
30 Min. aufwärts

Mit selbst gemachten Reimkarten könnt ihr Reime und andere sprachliche Bereiche auf vielfältige Weise üben. Also auf zum Basteln!

Ihr braucht:

- Etwa 20 gleich große Kärtchen aus Karton oder dickem Papier
- Stifte

So geht`s:
Überlegt euch verschiedene Reimpaare und zeichnet die Symbole für jedes Wort einzeln auf eine Karte. Zeichnet dein Kind nicht gern, kannst du diesen Part übernehmen und dein Kind malt die Bilder zum Beispiel an. Alternativ könnt ihr auch Bilder ausdrucken.

Folgende Reimpaare sind einfach zu zeichnen:

- Haus – Maus
- Hase – Vase
- Sonne – Tonne
- Kuh – Schuh
- Flasche – Tasche
- Fisch – Tisch
- Hose – Rose

REIMWÖRTER-MEMORY

ab 2 Spielern
15 Min. aufwärts

Memory mal etwas anders.

Ihr braucht:
- Eure selbst gemachten Reimwortkarten

So geht`s:
Mischt die Karten und legt sie verdeckt auf den Tisch. Die Spieler decken der Reihe nach immer zwei Karten auf. Haben sie ein Reimpaar, dürfen sie es behalten (Haus-Maus). Andernfalls werden die Karten wieder umgedreht und der Nächste ist an der Reihe. Wer die meisten Paare hat, ist Sieger.

REIMWÖRTER-TRANSPORT

ab 1 Spieler
15 Min. aufwärts

Oh je, die Reimwörter haben ihre Partner verloren! Die Kinder helfen bestimmt gern dabei, die Paare wieder zusammenzufügen.

Ihr braucht:
- Eure selbst gemachten Reimwortkarten
- Zeitungspapier, Reifen oder Balanciersteine

So geht`s:
Teilt die Reimpaare auf zwei Stapel auf. Die Karten eines Stapels werden in einer Zimmerecke mit dem Bild nach oben ausgelegt. Der zweite Kartenstapel wird mit dem Bild nach unten in die gegenüberliegende Zimmerecke gelegt. Baut einen Weg zwischen den Zimmerecken, z. B. mit Zeitungspapier, Reifen, Balanciersteinen oder anderen geeigneten Dingen.

Erkläre den Kindern, dass die aufgedeckten Bilder ihre Reimpartner verloren haben, und bitte sie, die Reimpaare wieder zusammenzubringen. Dazu balancieren die Teilnehmer über den vorbereiteten Weg zum Kartenstapel mit den verdeckten Motiven. Sie heben je eine Karte ab, balancieren zurück und ordnen die Karte dem passenden Reimwort zu. Das wird gespielt, bis alle Paare gefunden sind.

FINDE DEN FEHLER!

ab 2 Spielern
10 Min. aufwärts

Bei diesem Spiel sind ein wacher Blick und eine schnelle Auffassungsgabe von Vorteil. Wer entdeckt den Fehler zuerst?

Ihr braucht:

- Eure selbst gemachten Reimwortkarten

So geht`s:
Verteilt eure Reimwörter-Karten auf dem Boden, die Reimpaare liegen beisammen. Nun darf ein Spieler das Fehlermonster spielen. Während die anderen Kinder die Augen schließen, vertauscht das Fehlermonster ganz leise zwei Karten und klatscht dann in die Hände. Die anderen Kinder öffnen ihre Augen und versuchen, den Fehler möglichst schnell zu finden. Wer die vertauschten Begriffe als Erstes ruft, hat gewonnen und darf den Fehler berichtigen. Nun wird ein neues Fehlermonster bestimmt und die nächste Runde gespielt.

REIMPAARE KLATSCHEN

ab 1 Spieler
5 Min. aufwärts

Konzentration und Schnelligkeit sind bei diesem Spiel besonders wichtig.

Ihr braucht:

- Die selbst gemachten Reimwortkarten
- Eine Fliegenklatsche pro Kind

So geht`s:
Legt alle Bildkarten vermischt mit den Bildern nach oben auf den Boden. Alle Spieler setzen sich mit einer Fliegenklatsche bewaffnet vor die Karten. Jeder darf nun abwechselnd ein Reimpaar finden und beide Wörter abklatschen. Dabei wird das Reimpaar laut benannt.

Variante: Reaktionsspiel
Bei dieser Variante nennt der Spielleiter ein Wort (z. B. „Haus!“) und die Kinder versuchen, so schnell wie möglich in der Menge der Karten das passende Reimwort (Maus) zu finden und darauf zu klatschen. Der schnellste Spieler gewinnt die Runde.

Ein Kind, das gerade phonologische Bewusstheit entwickelt, beginnt bald, nach Buchstaben und Wörtern zu fragen. „Wo steht denn das?“ „Wie heißt dieser Buchstabe?“ Bereits Vierjährige können solche Fragen stellen. Geh also gern auf das Interesse deines Kindes ein. Ideen dazu bieten die Spiele zum Thema Literacy ab S. 198.

LAUTSCHULUNG

Mit den nachfolgenden Übungen lenkst du das Interesse deines Kindes auf die kleinsten Einheiten im Wort – die Laute. Warum ist das wichtig? Wörter bestehen aus mehreren Lauten. So setzt sich z. B. das Wort Melone aus den Lauten „M-e-l-o-n-e" zusammen. In der Schriftsprache werden die Sprachlaute durch Buchstaben ausgedrückt. Die Fähigkeit, einzelne Laute in Wörtern zu erkennen oder Laute zu Wörtern zusammenzusetzen, ist unerlässlich für das Lesen- und Schreibenlernen.

Viele Kinder beginnen mit etwa fünf Jahren, Laute in Wörtern zu hören – beispielsweise: „In meinem Namen ist ein O!" Vielleicht interessiert sich dein Kind auch bereits früh für Schrift und fragt aktiv nach Buchstaben. Dieses Interesse solltest du bestärken.

Bald wird dein Kind die Anlaute der Wörter erkennen können („Maus beginnt mit /M/"), und dann folgt die korrekte Bestimmung der Endlaute („Lisa endet auf /A/"). Etwas schwieriger ist das Lokalisieren einzelner Laute an einer beliebigen Stelle im Wort („Wo hörst du ein /N/ in MOND? Am Anfang, in der Mitte oder am Ende?").

Die Königsdisziplin ist das Teilen von Wörtern in Laute („MAMA besteht aus /M/ /A/ /M/ und zum Schluss noch mal einem /A/") oder das Zusammenziehen der Laute zu einem Wort: /P/ /A/ /P/ /A/ = Papa). Anfang der ersten Klasse wird dein Kind – auch bedingt durch das wachsende Buchstabenwissen – immer mehr Lautbewusstheit entwickeln. Verfügt dein Kind über diese Fertigkeit, ist ein großer Schritt im Leselernprozess geschafft.

Mit den folgenden Spielen könnt ihr euer Kind für die verschiedenen Laute in Wörtern sensibilisieren.

EXPERTENTIPP

Achte stets darauf, den Buchstaben als Laut auszusprechen, statt ihn bei seinem Namen zu nennen („L" statt „EL", „M" statt „EM"). Beim Lese- und Schreibprozess hängt man die einzelnen Laute aneinander (R-o-s-e). Lernt das Kind die Namen der Buchstaben mit den Konsonanten und nicht die reine Lautbezeichnung, fällt ihm dieses Zusammenlauten sehr schwer oder gelingt ihm gar nicht. In unserem Beispiel wäre das „R" dann als „ER" abgespeichert, das „S" als „ES". Bei „Rose" würde das Kind also „ER-O-ES-E" lesen. Das Zusammenlauten klappt nicht.

KOFFERPACKEN

ab 2 Spielern
10 Min. aufwärts

Nur bestimmte Dinge dürfen mit auf die Reise!

Ihr braucht:
- Einen Koffer
- Alltagsgegenstände, Spielsachen oder Bilder

So geht`s:
Du gibst einen Laut vor, beispielsweise /B/. Es liegen verschiedene Alltagsgegenstände, Bilder oder Spielsachen bereit. Der Koffer wird nur mit den Dingen bepackt, die mit dem vorgegebenen Laut beginnen, z. B. Banane, Ball etc. Jedes Kind nimmt der Reihe nach einen passenden Gegenstand, spricht dessen Namen deutlich aus und legt den Gegenstand in den Koffer.

Variante I: Lautspaziergang
Macht euch mit dem Koffer in der ganzen Wohnung auf die Suche nach Gegenständen, die mit einem bestimmten Laut beginnen. Beispielsweise kommen nur Gegenstände hinein, die mit /M/ beginnen.

Variante II: ABC-Picknick:
Bei diesem Aufzählspiel werden Leckereien in alphabetischer Reihenfolge genannt. Das schult nicht nur die Anlautbewusstheit, sondern auch die Merkfähigkeit und das Gedächtnis.
So geht´s: Der erste Spieler sagt: „Mir knurrt so der Magen, ich könnte einen Apfel vertragen!“ Gib nun den nächsten Buchstaben des Alphabets vor. Der zweite Spieler muss nun eine Speise suchen, die mit „B“ beginnt, und den Wunsch des Vorgängers mit aufzählen. Zum Beispiel: „Mir knurrt so der Magen, ich könnte einen Apfel und ein Brot vertragen.“ Das Spiel geht bis zum Buchstaben „Z“ weiter. Fallen einem Spieler nicht mehr alle genannten Speisen ein, dürfen alle Mitspieler helfen.

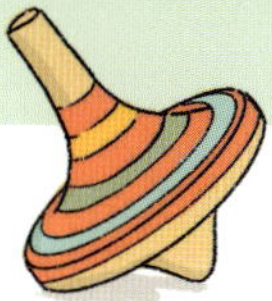

KREISEL, DREH DICH!

ab 2 Spielern
10 Min. aufwärts

Bei diesem Spiel geht es um Anlautschulung und Schnelligkeit. Ein breiter Wortschatz ist ebenfalls hilfreich, um das Spiel zu gewinnen.

Ihr braucht:
- Einen Kreisel

So geht`s:
Der Spielleiter nennt einen Laut, zum Beispiel /E/ und dreht den Kreisel. Die übrigen Mitspieler nennen nun so lange Wörter, die mit „E“ beginnen, bis sich der Kreisel nicht mehr dreht. Der Spielleiter zählt die genannten Wörter mit. So kann nach ein paar Runden die jeweils gefundene Wortzahl verglichen werden.

Für jede Runde wird ein neuer Spielleiter bestimmt.

BLITZSPIEL: WÖRTER FINDEN

ab 2 Spielern
5 Min. aufwärts

Mit diesem Spiel lassen sich die Laute immer wieder mal zwischendurch üben.

So geht`s:
Gib einen Anfangs- oder Endlaut vor und bitte dein Kind, möglichst viele Wörter zu nennen, die mit diesem Laut beginnen oder enden. Zähle mit und findet heraus, mit welchem Laut dein Kind besonders viele Wörter findet.

Variante:
Klappt das gut, könnt ihr das Spiel schwieriger gestalten, indem ihr zusätzlich zum Laut eine Kategorie vorgebt. Zum Beispiel „Finde Tiere mit „A“! Finde Fahrzeuge mit „F“!“ etc.

GENAU HÖREN UND REAGIEREN

ab 2 Spielern
10 Min. aufwärts

Bei diesem Spiel sind neben der Lautanalyse die akustische Konzentrationsfähigkeit und Reaktionsfähigkeit gefragt.

So geht`s:
Ihr bestimmt einen Anfangslaut, z. B. /A/. Der Spielleiter nennt nun nacheinander verschiedene Wörter. Bei jedem Wort, das mit /A/ beginnt, dürfen die Spieler einen Schritt nach vorn gehen oder springen. Sobald die Spieler eine Wand erreicht haben, ist die Spielrunde zu Ende und der nächste Spielleiter wird bestimmt.

EXPERTENTIPP

Wie du bereits erfahren hast, lernen Kinder am besten, wenn mehrere Sinne gleichzeitig angesprochen werden. Zeigt dein Kind Interesse an Buchstaben, ist es daher sinnvoll, wenn du ihm nicht nur einzelne Buchstaben zeigst, sondern diese mit einem passenden Bild oder Gegenstand verknüpfst, z. B. /B/ für Banane. Sprich den Laut auch aus, damit dein Kind ihn wiederholen kann. So verbindet es den gehörten Laut mit dem entsprechenden Buchstaben und dem Bild.

FINDE DAS FAULE EI

ab 2 Spielern
20 Min. aufwärts

Bei diesem spannenden Spiel geht es um das Erkennen der Anlaute. Darüber hinaus werden der Tastsinn und der gesamte Sprachbereich geschult.

Ihr braucht:
- Verschiedene Alltagsgegenstände
- Eine Fühlbox

So geht`s:
Der Spielleiter sucht aus einer Fülle an Alltagsgegenständen drei Dinge heraus, von denen zwei denselben Anlaut besitzen (z. B.: Wäscheklammer, Watte, Klebeband). Die drei Dinge kommen in die Fühlbox.

Das Kind versucht nun, die Gegenstände nur durch Ertasten zu erkennen, benennt sie und findet heraus, welches der drei Gegenstände das „faule Ei" ist, also einen anderen Anlaut hat – in unserem Beispiel das Klebeband.

Variante:
Übt auf dieselbe Weise das Erkennen der Endlaute z. B. mit FilzstifT, HefT, RadiergummI – hier ist das Radiergummi das faule Ei.

LAUT-WÄSCHELEINE

ab 1 Spieler
10 Min. aufwärts

Neben den An- und Endlauten enthält jedes Wort mehrere Inlaute. Diese herauszuhören ist besonders kniffelig. Mit folgender Übung könnt ihr dies spielerisch anbahnen.

Ihr braucht:

- Viele verschiedene Bildkarten (z. B. von einem Memory)
- Eine Wäscheleine
- Wäscheklammern

So geht`s:
Bestimme einen Laut, der herausgehört werden soll, z. B. /M/. Das Kind nimmt ein Bildkärtchen, spricht das dazugehörige Wort deutlich aus und versucht zu hören, ob der Laut /M/ darin vorkommt. Hat das Kind Schwierigkeiten, kannst du das Wort sehr deutlich sprechen und den gesuchten Laut auch überbetonen, also lauter und gedehnter sprechen.

Befindet sich der gesuchte Laut im Wort, wird das Kärtchen auf die Wäscheleine gehängt, andernfalls wird es beiseitegelegt. Dies wird mit allen Bildkärtchen wiederholt. Am Ende hängen auf der Wäscheleine lauter Wörter, die den gewählten Laut enthalten. Sprecht die Wörter nochmals durch und lass dein Kind bestimmen, wo sich der Laut befindet, am Anfang des Wortes, in der Mitte oder am Ende?

TIPP

Buchstabenfrühstück: Wie wäre es, wenn beim nächsten Frühstück nur Dinge auf den Tisch kommen, die mit einem bestimmten Buchstaben beginnen, z. B. /B/: Bienenhonig, Bananen, Beerenmüsli, Brot, Butter, Brezel, Bierschinken, Brei, Birnen, Bananenbrot, Brombeermarmelade, Baguette, Brotzeitteller, Buttermesser, Brettchen, blaue Servietten ... So macht Anlautschulung Spaß!

BLITZSPIELE: QUATSCHWÖRTER UND GEHEIMSPRACHEN

ab 2 Spielern
5 Min. aufwärts

Durch die Veränderung von Wörtern könnt ihr gemeinsam Quatschwörter oder eine Geheimsprache entstehen lassen. Hier drei Beispiele:

So geht`s:

1. Anfangslaute weghexen: Pflanze - Lanze, Bengel - Engel, Frau - rau, Traum - Raum etc. Besprecht, welche verhexten Wörter es in Wirklichkeit gibt und welche Quatschwörter sind.
2. Singt Lieder, in denen etwas ausgelassen oder verändert wird: „Auf der Mauer, auf der Lauer" und „Drei Chinesen mit dem Kontrabass".
3. I-Sprache: An jedes Wort wird als Endung ein -i angefügt: Dasi isti leideri kaputti. Probiert auch die A/E/U/O/AU/EI-Sprache aus.

Wenn ein Kind mit den Strukturen der Sprache und mit Sprachelementen spielerisch umgehen kann, ist es perfekt auf das Lesen- und Schreibenlernen in der Schule vorbereitet. Denn dann kann es die Buchstaben-Laut-Beziehungen erfassen, also verstehen, welcher Laut bzw. welche Laute zu welchem Buchstaben oder welcher Buchstabenfolge gehören und umgekehrt.

EIN PAAR WORTE ZUM SCHLUSS

Dieses Buch war ein echtes Herzensprojekt und es hat uns großen Spaß gemacht, daran zu arbeiten! Wir wollten zeigen, wie einfach und freudvoll es sein kann, Kinder spielerisch und bedürfnisorientiert in ihrer Entwicklung zu unterstützen.

Wir wünschen uns, dass unsere kreativen Tipps, gestützt auf Erkenntnisse der Entwicklungspsychologie, Eltern ermutigen, ganz bewusst Zeit mit ihren Kindern zu verbringen. Und dass sie diese Zeit auch genießen können, denn trotz vielseitiger Aufgaben im Alltag sind Zeit und Aufmerksamkeit das Wertvollste, das wir uns gegenseitig schenken können.

Während des Schreibens haben wir oft darüber nachgedacht, wie viel Zeit und Aufmerksamkeit wir uns selbst bewusst für die Entwicklung unserer Kinder und das gemeinsame Miteinander nehmen können. Denn auch wir sind viel beschäftigte Eltern und müssen Beruf und Familie in Einklang bringen. Das ist nicht immer leicht. Daher waren uns der Alltagsbezug und die einfache rasche Umsetzung bei all unseren Impulsen und Spielideen sehr wichtig. So können auch kurze gemeinsame Zeitspannen kreativ genutzt werden.

Zum Schluss möchten wir DANKE sagen. Danke an alle, die uns bei unserem Herzensprojekt unterstützt haben – allen voran unsere Familien, die uns ermutigt haben, den Schritt zum eigenen Buch zu wagen.

Ich, Sandra, möchte hier besonders meinen Mann erwähnen, der mir immer den Rücken freigehalten hat, damit ich in Ruhe schreiben kann. Weiterhin danke ich von Herzen meinen zwei wunderbaren Töchtern, mit denen ich die gemeinsame Spielzeit sehr genieße und die sich immer freuen, wenn sie mich bei Fotos unterstützen können.

Ein ganz besonderer Dank gilt meiner Co-Autorin Patricia. Ich bin so froh, dich bei diesem Projekt an meiner Seite gehabt zu haben, danke für die unkomplizierte und so harmonische Zusammenarbeit!

Ich, Patricia, danke meinem wundervollen Ehemann, der mich bei all meinen Projekten so tatkräftig unterstützt, und meiner Tochter, die mich täglich inspiriert. Danke auch an dich, liebe Sandra; ich hätte mir keine bessere und kreativere Co-Autorin vorstellen können.

Ein herzliches Dankeschön gilt auch unseren Communities auf Instagram und unseren Blogs. Der Austausch mit euch und eure lieben Worte bedeuten uns viel. Es ist uns eine große Freude, euch mit unseren Ideen und unserem Wissen zu inspirieren.

Wir haben beide schon lange mit dem Gedanken gespielt, ein Buch zu schreiben. Den Stein ins Rollen gebracht hat der DK-Verlag. Vielen Dank für eure Unterstützung, die kreative Umsetzung und den Freiraum, den wir beim Schreiben dieses Buches genießen durften!

Und abschließend ein herzliches Dankeschön an DICH, liebe Leserin und lieber Leser! Danke, dass du dich für unser Buch entschieden hast. Wir hoffen, dass wir dir mit unseren Ratschlägen, kreativen Impulsen und Spielen viele erfüllende Momente im Alltag mit deinem Kind ermöglichen, in denen du Freude verspürst, es beim Großwerden begleiten zu können.

Eure
Sandra & Patricia

ALLE SPIELE AUF EINEN BLICK

	Wahrnehmung & Konzentration	Motorische Fähigkeiten	Sprachliche Kompetenz	Emotionale & Soziale Kompetenz	Mathematische Kompetenz	Schriftsprachl. Vorläuferfähigkeit	Kreativität & Fantasie	Seite
DIE SCHÖNSTEN SPIELE FÜR DIE KONZENTRATION								
Kleine Künstler	XX	X	X				X	38
Bunte Schnecken bauen	XX			X			X	39
Murmelbilder kopieren	XX	X			X			40
Was wurde geklaut?	XX				X			41
Echtes Wimmelbild	XX		X				X	42
Schni, Schna, Schnapp!	XX		X	X				43
Geheimcode notieren	XX				X	X		45
Quatsch mit Soße – Fehlergeschichten	XX		X	X			X	46
Selbst gemachtes Hörmemory	XX			X			X	47
Bewegungsgeschichte Su und Bo	XX	X	X					48
Fröhliches Fallenlassen	XX		X					50
Tiere beschützen	XX	X	X	X	X			51
Gummiringe fischen	XX	X						53
Upcycling:Bausteine selbst machen	XX	X	X		X		X	54
Ballon in der Luft halten	XX	X		X				56
Das etwas andere Turmspiel	XX	X		X	X			57
Blitzspiel: Der geschickte Storch	XX	X		X				58
Wasserberge tupfen	XX	X					X	58
Tast-Luftballons	XX	X	X				X	61
Entspannungsritual: Wo spürst du es?	XX		X	X				62
Knopf-Memory	XX	X		X				63
Was schmeckst du?	XX		X					64

	Wahrnehmung & Konzentration	Motorische Fähigkeiten	Sprachliche Kompetenz	Emotionale & Soziale Kompetenz	Mathematische Kompetenz	Schriftsprachl. Vorläuferfähigkeit	Kreativität & Fantasie	Seite
Der Flaschengeist	XX							65
Entspannungsritual: Massagekiste	XX	X	X	X				66
Wunderspielzeug Reiswanne	XX	X	X	X			X	66
Das Tröpfchenspiel	XX	X		X				69

DIE SCHÖNSTEN SPIELE ZUR MOTORIK

	Wahrnehmung & Konzentration	Motorische Fähigkeiten	Sprachliche Kompetenz	Emotionale & Soziale Kompetenz	Mathematische Kompetenz	Schriftsprachl. Vorläuferfähigkeit	Kreativität & Fantasie	Seite
Zehenrennen	X	XX						73
Blitzspiel: Schnelles Zielwerfen		XX		X				74
Hindernisparcours	X	XX	X		X		X	74
Balltransport	X	XX						76
Zauberspiel	X	XX	X				X	77
Blitzspiel: Das spannende Schattenspiel	X	XX		X				78
Wassertransport-Spiel		XX		X	X			79
Wasserstation	X	XX						84
Blumenbilder basteln		XX					X	86
Ferngesteuerte Autos mal anders		XX					X	88
Wäscheklammern-Spiel	X	XX			X			89
Nudelkette fädeln	X	XX						90
Feinmotorik mit Duplosteinen fördern	X	XX						91
Kunst mit Mustern	X	XX			X			93
Kunterbunte Spaghetti-Bäume		XX						94
Die Zunge als Balanciermeisterin	X	XX			X			96
Kätzchenspiel	X	XX						97
Leckeres Aufräumspiel	X	XX						98
Kussmund-Künstler		XX					X	99
Verrücktes Tierspiel	X	XX						100

	Wahrnehmung & Konzentration	Motorische Fähigkeiten	Sprachliche Kompetenz	Emotionale & Soziale Kompetenz	Mathematische Kompetenz	Schriftsprachl. Vorläuferfähigkeit	Kreativität & Fantasie	Seite
Leckeres Aufräumspiel	x	xx						98
Kussmund-Künstler		xx					x	99
Verrücktes Tierspiel	x	xx						100
Tüchtige Lippenakrobaten	x	xx						101
Ein Wattebausch auf Reisen	x	xx					x	104

DIE SCHÖNSTEN SPIELE ZUR SPRACHENTWICKLUNG

	Wahrnehmung & Konzentration	Motorische Fähigkeiten	Sprachliche Kompetenz	Emotionale & Soziale Kompetenz	Mathematische Kompetenz	Schriftsprachl. Vorläuferfähigkeit	Kreativität & Fantasie	Seite
Kaufmannsladen			xx	x		x	x	109
Blitzspiel: Wer findet das falsche Wort?	x		xx					110
Präpositionsspiel	x	x	xx		x			110
Kuddelmuddel-Spiel	x		xx					112
Endlosspiele	x		xx	x			x	113
Wie-Wörter erfühlen	x		xx					114
Ausflug in den Zoo	x	x	xx				x	117
Farben zuordnen mit Wäscheklammern		x	xx		x			118
Spiellandschaften beschreiben			xx				x	119
Blitzspiel: Wie endet der Satz?	x		xx				x	120
Der, die, das?!	x		xx				x	121
Blitzspiel: Wie lautet die Frage?	x		xx					122
Selbst gemachte Erzählsteine			xx	x		x	x	124
Theater spielen	x		xx	x			x	126
Findelkinder und deren Geschichten			xx				x	127
Selbst gemachtes Puppentheater			xx				x	128
Wie geht es weiter?	x		xx	x			x	129
Mein eigenes Bilderbuch			xx			x	x	130

	Wahrnehmung & Konzentration	Motorische Fähigkeiten	Sprachliche Kompetenz	Emotionale & Soziale Kompetenz	Mathematische Kompetenz	Schriftsprachl. Vorläuferfähigkeit	Kreativität & Fantasie	Seite
Reime, Finger- und Singspiele	x	x	xx	x		x		132
Taler, Taler du musst wandern	x		xx			x		136
Safari durch den Wunderwald	x	x	xx			x	x	138
Blitzspiel: Schere, Stein, Papier	x	x	xx	x	x			139
Karlo Katze kauft ein			xx				x	140
Blitzspiel: Es schwimmt, es schwimmt, es schwimmt	x		xx					141
DIE SCHÖNSTEN SPIELE FÜR EIN MITEINANDER								
Eine Gefühlsuhr basteln		x	x	xx			x	145
Gefühlsballons	x	x	x	xx				146
Gefühle kneten		x	x	xx			x	147
Gefühle mit Musik darstellen	x	x	x	xx			x	149
Gefühlsmemory	x		x	xx			x	150
Gefühle genau unter die Lupe nehmen			x	xx				151
Pantomime	x	x	x	xx			x	153
Das Dirigentenspiel	x			xx				154
Das Spiegelspiel	x			xx				155
Gefühlscollage		x	x	xx			x	156
Gefühlsdetektive			x	xx				157
Vertrauen aufbauen – der besondere Parcours	x	x	x	xx				159
Komplimente verteilen			x	xx				160
„Vielen Dank, Herr Kellner!"			x	xx			x	161
Eins für dich, eins für mich!			x	xx	x		x	162

	Wahrnehmung & Konzentration	Motorische Fähigkeiten	Sprachliche Kompetenz	Emotionale & Soziale Kompetenz	Mathematische Kompetenz	Schriftsprachl. Vorläuferfähigkeit	Kreativität & Fantasie	Seite
VORBEREITUNG AUF DIE GRUNDSCHULE								
Bewegungsspiel mit Präpositionen	x	x	x		xx			168
Navigationsspiel	x		x		xx			169
Das Spielzeugregal	x		x		xx		x	170
Knifflige Bauwerke nachbauen	x	x			xx		x	171
Luftmalerei	x	x	x		xx		x	172
Gemeinsamkeiten finden	x		x		xx		x	174
Die Post austragen	x		x		xx		x	175
Umriss-Spiel	x				xx		x	176
Wir gehen auf Formensuche	x		x		xx	x		177
Leckere Obstspieße	x	x			xx			179
Das kunterbunte Reihenspiel	x	x			xx	x		180
Papierstreifen ordnen	x		x		xx			181
Blitzspiel: Bewegungsserien wiederholen	x				xx			182
Was fehlt?	x		x		xx			182
Zählstation bis 10		x			xx		x	184
Berührungsspiel	x	x			xx			186
Mengen erfühlen	x				xx			188
Regenwolken-Zählspiel	x	x			xx			189
Entdeckerspaziergang	x	x	x	x	xx	x	x	190
Anzahl erhören	x		x		xx			191
Zählspiele mit Straßenkreiden	x	x			xx		x	192
Schriftzeichen im Alltag finden			x			xx	x	196
Gemeinsames Beschriften		x	x	x		xx	x	197
Rollenspiel – Arztbesuch	x		x	x		xx	x	198
Wunschliste erstellen			x	x		xx	x	199
Kastanien verbinden	x	x				xx	x	201

	Wahrnehmung & Konzentration	Motorische Fähigkeiten	Sprachliche Kompetenz	Emotionale & Soziale Kompetenz	Mathematische Kompetenz	Schriftsprachl. Vorläuferfähigkeit	Kreativität & Fantasie	Seite
Malen mit zwei Händen	x	x				xx	x	202
Schreiben mit allen Sinnen	x	x				xx	x	203
Pinguin malen: Wir üben die Acht	x	x			x	xx	x	204
Malen mit Wattestäbchen	x	x				xx	x	205
Selbst gemachte Badewannenfarbe		x				xx	x	206
Robotersprache	x		x			xx		208
Musikalische Silbenreise	x		x			xx	x	209
1, 2 oder 3?	x	x	x	x		xx		210
Kleiderschrank-Klatscherei	x		x		x	xx		211
Ein Ausflug durch den Zoo	x	x	x			xx	x	212
Silbenanzahl auslegen	x	x	x		x	xx		213
Die Wörterschlange	x		x			xx	x	214
Blitzspiel: Wer wird Reimmeister?	x		x	x		xx	x	216
Fangen und reimen	x	x	x			xx		217
Reimkarten	x	x	x			xx	x	218
Reimwörter-Memory	x		x					219
Reimwörter-Transport	x	x	x					219
Finde den Fehler!	x		x	x		xx		220
Reimpaare klatschen	x		x	x		xx		221
Kofferpacken	x		x	x		xx	x	224
Kreisel, dreh dich!	x		x	x		xx	x	225
Blitzspiel: Wörter finden	x		x			xx		225
Genau hören und reagieren	x	x				xx		226
Finde das faule Ei	x		x			xx		227
Laut-Wäscheleine	x		x			xx		228
Blitzspiele: Quatschwörter Geheimsprachen	x		x			xx	x	229

REGISTER

DK | Penguin Random House

Texte Sandra Pichler, Patricia Pomnitz
Bildredaktion Daniela Rudolf-Lübke, Silke Tauscher
Lektorat Anke Wellner-Kempf
Layout, Covergestaltung und Illustrationen Daniela Rudolf-Lübke
Schlusskorrektur Susanne Langer-Joffroy

DK Verlag
Verlagsleitung Monika Schlitzer
Programmleitung Heike Faßbender
Projektbetreuung Caren Kinscherf, Silke Tauscher
Herstellungsleitung Dorothee Whittaker
Herstellung Sabine Hüttenkofer

ISBN 978-3-8310-4643-0

Repro Farbsatz, Neuried/München
Druck und Bindung L.E.G.O. S.p.A., Italien

FSC www.fsc.org MIX Papier | Fördert gute Waldnutzung FSC® C023419

www.dk-verlag.de

Zitatnachweis:
S. 60 Maria Montessori zitiert nach www.montessori-straelen.de/montessori-pädagogik/

Bildnachweis:
Coverfoto: Getty Images / iStock: Georgijevic
Innenteil: alle Bilder Sandra Pichler außer:
Getty Images / iStock: 123ducu / E+ 95, ArtMarie / E+ 22, CiydemImages / E+ 144, Drazen Zigic 119, Evgenyatamanenko 116, FatCamera / E+ 120, 217, Fizkes 106, 131, 209, FreshSplash / E+ 30, Halfpoint 9, 72, Igishevamaria 173, Image Source / DigitalVision 82, Ivanastar 91, Jacoblund 78, Jelena Stosic 204, Juanmonino 140, 202, Kostikova 28, 34, KuznetsovDmitry 213, LeManna 29, Liderina 195, mapodile / E+ 26, middelveld / E+ 105, miniseries / E+ 164, Monkeybusinessimages 15, 157, Nicola Katie 5, Orbon Alija / E+ 19, 24, 70, 75, 167, Onfokus / E+ 147, ozgurcankaya / E+ 7, 155, patrickheagney / E+ 6, PeopleImages 197, Prostock-Studio 225, RealPeopleGroup 137, romrodinka (b) 80, 152, 158, RyanJLane / E+ 83, SbytovaMN 127, Shangarey 219, Siarhei Shuntsikau 166, simonkr / E+ 142, SolStock / E+ 97, 163, StefaNikolic / E+ 21, stock_colors / E+ 12, StockPlanets / E+ 187, 188, xijian / E+ 16.
Dreamstime.com: Yuri Arcurs 10.
123RF.com: Tatyana Tomsickova 123

Sandra Pichler ist leidenschaftliche Grundschullehrerin, Mutter von 2 Mädchen und Bloggerin (www.waswirspielen.com). Sie liebt es, einfache Spielideen zu entwickeln, diese mit ihren Töchtern oder Schülern umzusetzen und die Kinder so mit viel Spaß ganz nebenbei zu fördern. Mit ihrem erfolgreichen Instagram Account erreicht sie mittlerweile 125 000 Follower.

Patricia Pomnitz ist Logopädin (B.Sc.), Therapiewissenschaftlerin (M.Sc.), diplomierte Legasthenietherapeutin und Mama einer kleinen Tochter. Seit vielen Jahren begleitet sie Familien als Therapeutin und gibt Eltern und Pädagogen über ihren Blog (www.sprachgold-online.de) wertvolle Impulse und praktische Tipps rund um die kindliche (Sprach) Entwicklung. Über ihren Instagram Account Sprachgold erreicht Patricia mehr als 43 000 Follower.